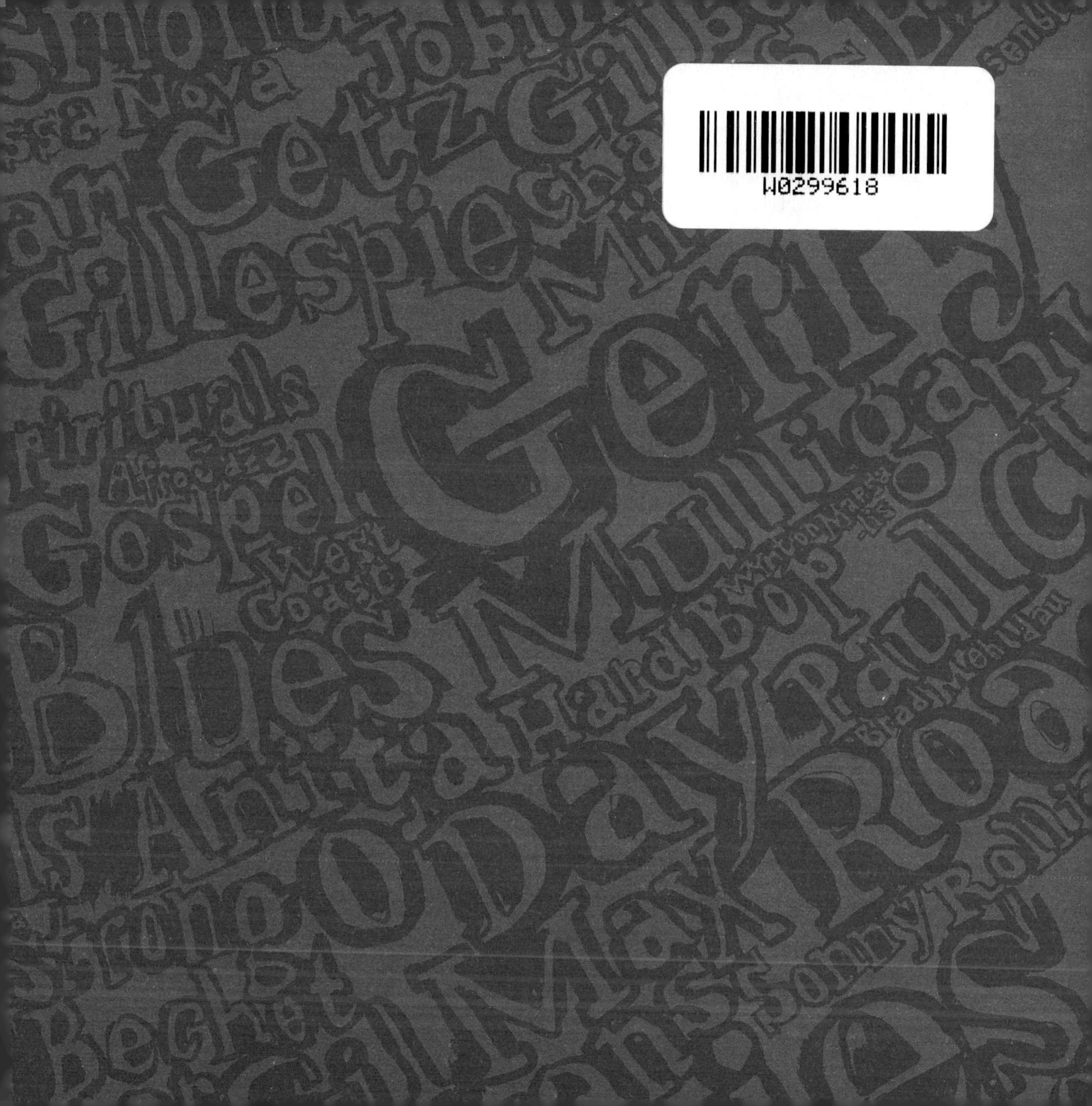

Getz
Gillespie
Spirituals
Gospel
West Coast
Blues
Mulligan
Hard Bop
Brad Mehldau
Sonny

JAZZ

22, rue Huyghens, 75014 Paris
www.albin-michel.fr

ISBN : 2 226 14301 7
Dépôt légal : octobre 2004
N° d'édition : 13022

Achevé d'imprimer en France
par Mame Imprimeur, Tours

Hervé Guilleminot

David Scrima

JAZZ

Albin Michel

som-
maire

AUX SOURCES DU JAZZ

NEGRO SPIRITUALS ET GOSPEL

Quand les esclaves noirs africains sont envoyés de force vers les États-Unis, ils ne possèdent plus ni racines ni repères. Ou si peu. En débarquant dans les vastes plantations du Sud des USA, il leur faut réinventer une culture, afin de sauvegarder leur identité. Car on ne leur laisse par ailleurs aucune possibilité d'expression : les manifestations culturelles sont réprimées, les célébrations sont contrôlées et la langue natale n'est pas officiellement utilisée. Les ethnies sont le plus souvent séparées, car ignorées, niées par les maîtres blancs. Quant aux instruments de musique, ils sont la plupart du temps restés au pays. En Amérique du Nord, contrairement à ce qui se passe au Brésil ou aux Caraïbes par exemple, on ne goûte pas vraiment le folklore et la musique d'Afrique.

Les Noirs doivent donc faire table rase de leur passé ; ils ne verseront dans aucune nostalgie, acculturés par obligation sur cette nouvelle terre. On assiste tout simplement à l'émergence d'une musique de la vitalité (au sens d'« espace vital »), de l'urgence, de la nécessité (identitaire). Même si la tradition africaine (en particulier celle du culte Yoruba) persiste dans certains rites musicaux spécifiques, les Noirs des villes et des champs, à La Nouvelle-

Orléans ou ailleurs, s'adaptent à leurs conditions en entonnant des chants nouveaux. On entend alors jaillir de partout des *work songs* (chants de travail) et des *field hollers* (cris des champs). Chants contre champs, réaction salutaire qui permet à tous ces travailleurs de force d'affirmer leur identité.
C'est la guerre de Sécession qui précipitera la naissance des negro spirituals et des gospels, chantés dans les églises noires nouvellement établies. Ces chants de l'âme, interprétés avec ferveur, seront ponctués par les *ring shouts*, sortes de danses de transe accompagnées de cris et de vociférations extatiques. Une expérience collective fascinante aujourd'hui encore, quand on pénètre dans certaines églises afro-américaines.

BLUES

Chant profane, profondément solitaire et nimbé de mélancolie, témoignage poétique et poignant du sort d'un peuple : les esclaves noirs africains. Paradoxalement, il est très rapidement récupéré par les Blancs dans le cadre des *minstrel shows*, ces spectacles ouvertement racistes où le Blanc se grime en Noir pour représenter le mode de vie des *coloured people* dans les plantations du Sud... Une mascarade qui conduit un certain Blanc, Al Jolson, à devenir la vedette de *The Jazz Singer* (1927), le premier film parlant de l'histoire du cinéma.
Revenons au blues. Ces « bleus de l'âme » ont vécu une belle odyssée, au gré des pérégrinations du peuple afro-américain dans sa quête d'un bonheur souvent illusoire. En partant des plantations de coton du Sud, il suit un exode rural qui lui fait longer le Mississippi pour rencontrer ségrégation, urbanisation, et trop souvent prolétarisation dans les grandes villes du Nord et de l'Est.

Le blues est né dans le delta du Mississippi à la fin du XIXe siècle. Par une sorte de miracle, il réussit le syncrétisme des musiques des Noirs, en les effaçant ou en les assimilant. Tour à tour, les villes du long fleuve seront touchées par le phénomène, des noms qui résonnent aujourd'hui comme des temples incontournables du genre : Memphis, Saint Louis, Chicago… Ce que l'on sait moins, c'est que d'autres zones géographiques ont également payé leur tribut au blues, des Appalaches au Texas.

Nous sommes déjà au début du XXe siècle, le gramophone se répand, et le blues bénéficie de l'essor de la diffusion culturelle et des progrès de la technique. Il est propagé par l'intermédiaire de vaudevilles ou de shows, et par les producteurs de disques (pour la plupart des Blancs), qui entament des séances d'enregistrements et créent les *race records*, bientôt prisés par tous les collectionneurs.

Cette incessante pérégrination, cet exil de l'âme, prendra toutes les formes possibles du voyage : par la route, le train ou le fleuve, d'où cette riche littérature de « troubadours » qui existe dans le blues. Un troubadour moderne, qui s'exprime à la fois comme un musicien de terroir et un colporteur de poésie. Avec pour leitmotive les plaintes du cœur et de l'âme, mais aussi la fierté de s'exprimer, pour ces musiciens souvent sans grade.

Le blues se décline donc plus par zones géographiques que par genres. On compte ainsi la guitare *bottleneck* du blues du Delta, jouée en *glissandi* suggestifs où la misère, l'isolement, la ségrégation s'expriment à plein dans des thèmes déchirants et tourmentés. Dans le Sud-Est (Virginie, Géorgie, Tennessee…), où la ségrégation est sans doute moins forte, blues et country blanche font parfois de curieux ménages sous l'œil bienveillant de vieux *bluesmen* installés à Nashville. Au Texas, on mêle blues et influences mexicaines, sur un mode tragi-comique. Memphis et Saint Louis, capitales du coton, sont naturellement des zones d'influence du blues le plus pur. Mais c'est à Chicago que cette musique va connaître sa période d'« industrialisation », en devenant le pôle d'attraction des Noirs issus du Sud. Le creuset du blues va progressivement se fixer ici, avec l'existence de labels bientôt classiques, comme Bluebird, dans les années trente. La ségrégation et la prohibition étant moins strictes là qu'ailleurs, le blues devient naturellement la musique « locale ». Pour nombre de musiciens, le terminus de la gare Illinois Central incarne véritablement la terre promise...

Jazz
Nouvelle-Orléans

La Nouvelle-Orléans, cette grosse bourgade au parfum français qui se prélasse au milieu de la mythique Louisiane, aura inspiré tant de peintres, cinéastes, écrivains et bien sûr musiciens... Lieu de naissance quasi officiel du jazz « traditionnel », La Nouvelle-Orléans est aussi le creuset musical de différents styles, des *folk songs* au blues, des *marching bands* aux gospels et *spiritual songs*, du ragtime aux danses traditionnelles européennes... Une vraie vi(ll)e en musique. La ville la plus « africaine » des États-Unis ? Celle en tout cas où, vers le début du XXe siècle, à Storyville, l'un de ses quartiers les plus chauds, à quelques encablures de la gare de triage et du port, on trouve nombre de dancings, bars, salles de jeux et bordels. Le chaudron de Storyville est aussi un formidable lieu de métissages et de rencontres, de couleurs vives et d'ambiances nocturnes, de palaces orgueilleux et de taudis sordides.

Pour le jazz, cette musique de la transgression, des sens et de l'interdit, on ne pouvait rêver lieu de naissance plus interlope. Là s'inscrit en lettres d'or le nom d'un monarque : Louis Armstrong, qui décroche la lune avec son cornet magique. Il précipite le décollage de la cité vers les cieux de la renommée, mais contribue aussi indirectement à sa chute en poussant les *big bands* à se trouver des solistes, comme lui. Solistes qui n'hésiteront pas à franchir les frontières pour aller chercher aventure à Los Angeles, Chicago ou New York. La Nouvelle-Orléans, ex-temple, se tournera alors vers le souvenir et la commémoration pour garder sa flamme intacte.

Louis Armstrong

Louis Armstrong est-il le premier génie du jazz ? On célèbre son sens de l'improvisation, son impulsion décisive, sa présence... son jeu, proprement révolutionnaire à l'époque, et qui demeure aujourd'hui un exemple de probité et d'efficacité. Que dire de son choix des notes et de leur organisation en lignes mélodiques inédites ? De la qualité exceptionnelle de sa sonorité ? De son sens du swing si unique ? De ses attaques et de son placement irrésistible ? De son répertoire de vibratos et de ses inflexions légendaires ? Il est le premier grand soliste du jazz, et ses témoignages sonores au sein du Hot Five et du Hot Seven le prouvent : une saine émulation en faisait le soliste que chacun découvrait avec les oreilles grandes ouvertes... Sa virtuosité anéantissait toute référence antérieure : avec lui, on découvrait un esthète et un caractériel, un virtuose et un marathonien. Il affirmait ainsi son désir de reconnaissance, lui pas encore afro-américain mais bien « nègre » dans sa tête, monté du Sud pauvre vers le Nord prometteur.

En 1971, sa trompette rejoint les chœurs de la renommée au paradis des jazzmen.

Sidney Bechet

Sidney Bechet, improvisateur libre et amuseur primesautier, fut, à l'image des créateurs du jazz, une personnalité multiple, un dieu du tempo et un partenaire infaillible. Un signe de sa renommée : le 14 mai 1959, à sa mort en France, Paris s'arrêta presque de vivre. Un retentissement national, un deuil et des regrets incroyables pour un jazzman. Une catharsis qui ne s'exprima pas aux États-Unis, où il fit pourtant ses débuts en tant que saxophoniste soprano. Les années défilent rapidement pour ce virtuose tranquille : l'Europe et les USA en aller-retour à la fin des années dix, la « revue nègre » de Joséphine Baker en 1925, l'installation en France en 1949 avec l'aide de Charles Delaunay et les triomphes salle Pleyel, *les Oignons*, la propagation du jazz en France – grâce à tant d'autres, certes, mais surtout à lui… Un disque d'or en 1955, déjà, avant de s'envoler vers de nouveaux succès. Entre une *Petite Fleur* et des *Rues d'Antibes*, Sidney-le-sourire visite de ses douces mélodies le Vieux Colombier ou Antibes et Juan-les-Pins. Des noms qui évoquent un parfum doucereux, une époque bénie. Une clarinette toujours espiègle pour alléger avec douceur le fardeau de quelques larmes à l'œil…

Swing

Contrairement aux styles de La Nouvelle-Orléans et de Chicago, qui se jouent à deux temps, le swing apporte une révolution : il s'interprète à quatre temps. Le swing popularisé en son temps par le thème de Duke Ellington *It don't mean a Thing (if you ain't got that Swing)* **(traduit approximativement par « Si vous n'avez pas de swing, ça ne vaut pas une guigne »), fait son apparition à New York et ses multiples scènes actives durant les années trente. Le terme « swing » désigne principalement le sens du rythme, du groove, du feeling et de l'improvisation que possède un soliste ou un ensemble (***to swing* **: « balancer »). Ce genre perdure une bonne partie des années quarante, avant de connaître très régulièrement des périodes de** *revival* **(renaissance) appelées « mainstream » (en opposition au be-bop ou au hard bop, par exemple). Benny Goodman fut le premier roi du swing, avant de partager sa renommée avec les orchestres de Count Basie ou Duke Ellington. D'un point de vue orchestral, même si le rythme demeure primordial dans les grandes formations, c'est le souci d'arrangement ou d'habillage que l'on retient dans les compositions pour orchestre d'Ellington, par exemple. L'importance des interprètes y est aussi essentielle : de grands solistes, tels Coleman Hawkins, Fats Waller, Benny Carter, Roy Eldridge, commencent à s'exprimer au sein des big bands du swing.**

DE LUX
NIGHT CL
HEY HAY CLUB
DANTE'S INFERNO

Kansas

Après les mirages lumineux et sonores que représentent New York et Chicago, les musiciens de jazz s'exilent. La route vers l'Ouest et l'Eldorado californien est longue : beaucoup d'entre eux s'arrêtent à Kansas City, ville paumée au milieu de nulle part, ville de transition qui paradoxalement façonnera méticuleusement de solides big bands... On se souvient du très beau film de Robert Altman, *Kansas City*, dans lequel la régénérescence des big bands était expliquée, détaillée, disséquée...

Cette ville détient une vraie force de frappe, celle des merveilleuses machines rutilantes que sont les orchestres de jazz.

COUNT BASIE

Un souffle, un *drive* irrésistible... Count Basie, c'était un orchestre. Et quel orchestre ! Dans sa formation, tous les solistes avaient leur mot à dire. Ils y « appartenaient », en faisaient leur marque de fabrique. C'est ainsi que les Buck Clayton, Clark Terry, Lester Young, Chu Berry, Thad Jones et autres Lucky Thompson sont passés par cette sorte de grosse section rythmique, qui ne savait s'arrêter que lorsque le public capitulait ! Mais Basie, on le sait moins, était aussi un excellent pianiste, doté d'une rare sensibilité – une qualité qui lui permettait d'équilibrer, en quelque sorte, la force rythmique de son orchestre. Celui-ci, machine huilée et rôdée, tourna plus de quarante ans sous son impulsion et sa volonté, en traversant les époques, les styles, les modes, les collaborations et les prestations avec le même bagou, la même puissance. Une mécanique rutilante, et même véritablement incandescente !

Basie

DUKE ELLINGTON

Un talent, une force de persuasion, une vision uniques, de véritables pièces orchestrales écrites avec une audace insoupçonnée : Duke Ellington fut, avant tout, cet être doté de la même ouverture d'esprit du début à la fin de sa carrière, qui s'étendit sur une cinquantaine d'années, de ses débuts dans les années vingt à sa mort en 1974 ! Sa période Cotton Club est la plus réputée, mais on oublie parfois qu'il fut aussi très ouvert sur les musiques du monde, les thèmes sacrés, la musique pop... Ellington fit de l'orchestre un instrument individuel, au service de ses idées, mais jamais dans l'irrespect de ses partenaires. Cet homme de grande classe était doublé d'une bête de travail. Il transforma sa formation en machine à solistes, où s'exprimèrent régulièrement Juan Tizol, Paul Gonsalves, Cootie Williams, Johnny Hodges et l'arrangeur Billy Strayhorn. Si la formation de Count Basie était la Rolls des orchestres, celle de Duke Ellington traitait la pâte orchestrale avec des précautions infinies.

GLENN MILLER

1944 : triste date pour le jazz, qui voit disparaître au-dessus de la Manche l'avion transportant Glenn Miller et son orchestre. Sept ans auparavant, le musicien avait créé sa formation. Tromboniste, il avait le désir d'arranger et de composer, ce qui le conduisit très rapidement à une immense popularité, surtout en Europe. Il avait la particularité d'obtenir un vrai son de la part de son orchestre, en usant de certains « trucs » sonores, comme le fait de doubler le saxophone ténor *lead* par une clarinette... Goebbels s'en souviendra un certain temps : il fera constamment brouiller la diffusion, sur les ondes des Alliés, de *Moonlight Serenade* et de *In the Mood*...

Cab Calloway

L'*entertainer* dans l'âme, celui qui amuse la galerie ! De ses *Hi De Hi De Ho* et autres *Zah Zuh Zah* (les Français récupéreront cette onomatopée pour qualifier leurs jeunes « rebelles » de... zazous !), il lance son premier succès, *Minnie the Moocher*, avant de remplacer Ellington au Cotton Club. Comédien, danseur, il excelle dans le *scat* (ces improvisations tout en onopatomées) et dans un *jive* irrésistible, où son élégance naturelle le dispute à une gouaille unique.

Jumpin
Jive
Man
YOU
HI-DE-HO
Gotta
KICKING THE
GONG

SUN
SWINGING

Lionel Hampton

Il fut l'un des derniers géants du jazz. Il nous quitta en 2002, avec son indéfectible bonne humeur, absorbé dans son combat musical, apôtre de la bonne parole du swing. Il possédait un indéniable sens du spectacle, une virtuosité époustouflante, un sens inné de l'orchestration. Son orchestre était entièrement dédié à un swing percutant et racé. Vibraphoniste à vingt et un ans, puis passant par l'orchestre de Benny Goodman avant de voler de ses propres ailes, il créera ensuite sa formation à Los Angeles et engagera de nombreux solistes. La suite, c'est la renommée, les tournées mondiales, les collaborations multiples... le jazz éternellement vivant. Finalement.

WIND
City
CHICA

CHI-CAGO

Chicago ou le long exil des *bluesmen* venus du Sud. Puis la permanence d'une évidence : la ville du vent (*Windy City*) est aussi celle du souffle de la note bleue. Toute une scène jazz va naître dans la capitale de l'Illinois. Aujourd'hui, toujours vivant (plus que jamais !), le jazz *made in Chicago* se décline sous de multiples formes, du vocal (Kurt Elling, Patricia Barber) au post-rock (Tortoise). Un laboratoire musical en effervescence permanente...

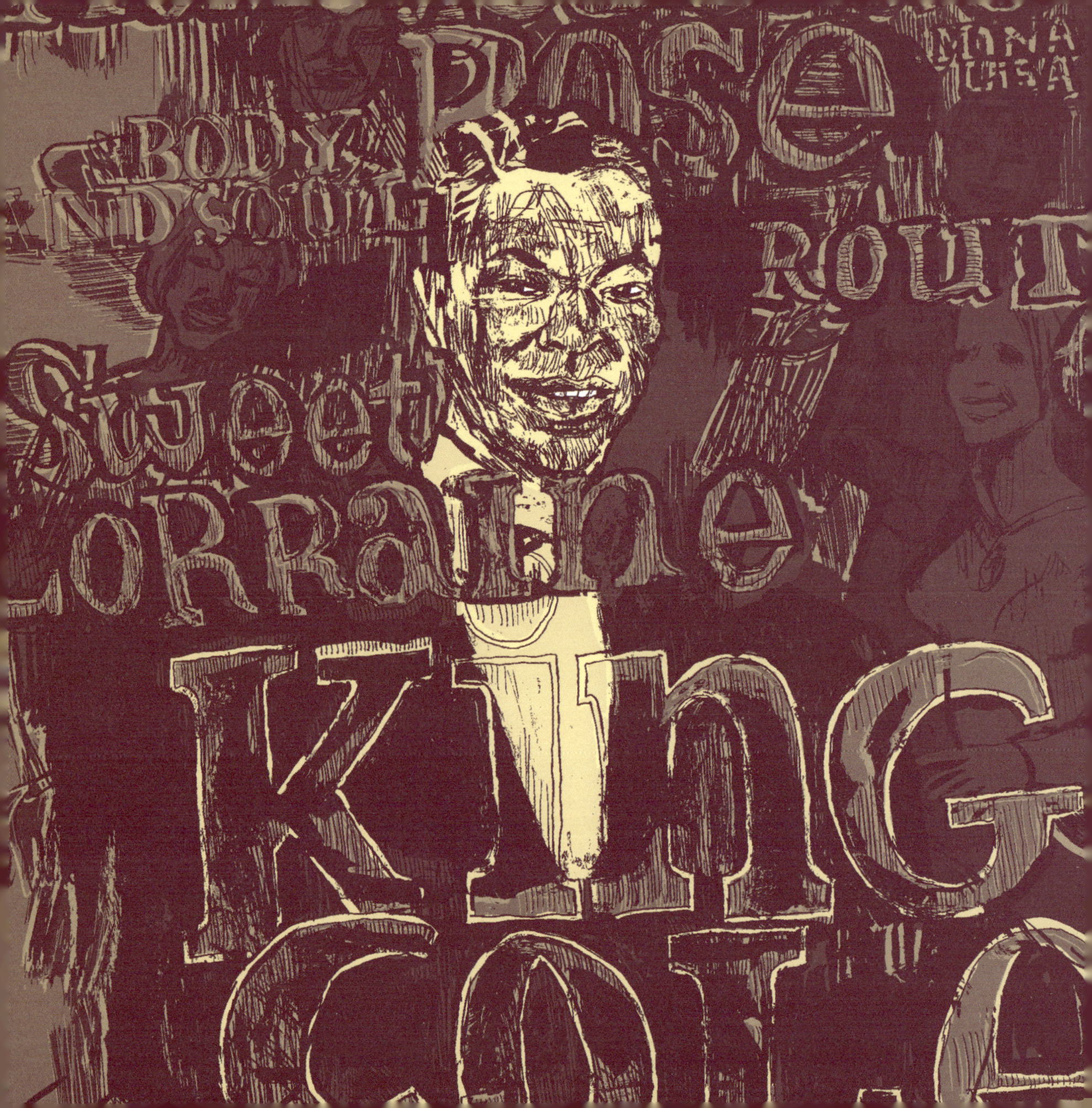

Rose
MONA LISA
BODY
Sweet
Lorraine
King
Cole

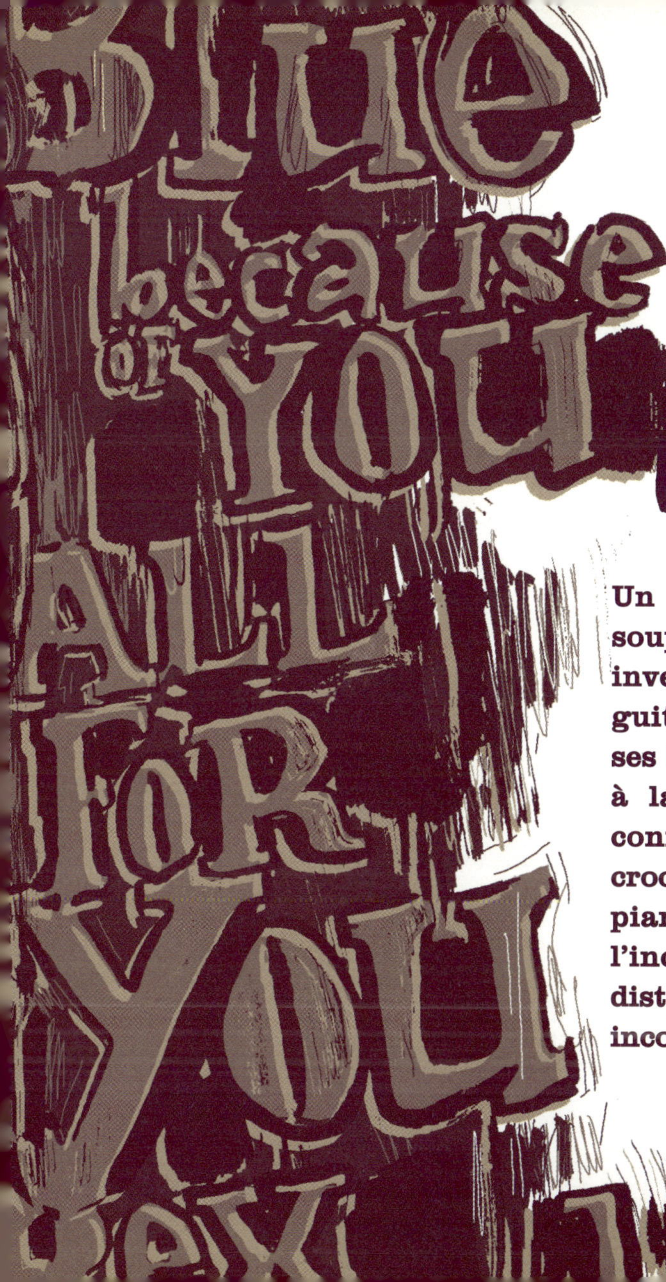

Nat King COLE

Un toucher élégant, un swing souple et aéré, Nat King Cole a réinventé à sa manière le trio piano-guitare-contrebasse en lui donnant ses lettres de noblesse. Devenu star à la fin des années quarante, il connaît ensuite une carrière de crooner auprès du grand public. Ce pianiste et chanteur devient alors l'incarnation du *lover* en musique, distillant des chansons d'une classe incomparable...

Stéphane GRAPPELLI

Le génie de la *french touch* au violon... Cet ex-pianiste a de qui tenir : il a toujours adoré les douces variations des musiques de Ravel et Debussy. Il connaît un premier engagement professionnel en 1918. Depuis cette date jusqu'à sa disparition récente, Grappelli le doux, Grappelli le sage n'arrêtera pas son combat : faire connaître le violon jazz dans le monde entier. Sa période du Hot Club de France est connue. À partir des années trente, en compagnie de Django Reinhardt, il favorise l'émergence d'un jazz français sensible et aérien (comme le dit le titre *Nuages* !). Il retrouve Reinhardt après la guerre pour *Echoes of France* (1946), puis entame une carrière de soliste l'année suivante. Il n'aura alors de cesse de favoriser des rencontres avec des artistes aussi divers qu'Oscar Peterson ou Martial Solal, et des violonistes, tels Jean-Luc Ponty, Didier Lockwood ou Yehudi Menuhin...

Lester YOUNG

Il fut surnommé « Pres » (*President*) par Billie Holiday, sa grande complice d'âme et de cœur. Intellectuel, cérébral, parfois opposé aux coups de sang d'un Coleman Hawkins, le saxophoniste Lester Young a laissé un legs considérable et un jeu caractéristique. À l'image de l'étrange et célèbre photo d'un saxophone à l'horizontale de sa tête, comme s'il cherchait à recueillir des notes de son instrument brandi... Plus que personne, il possédait une vraie démarche mélodique et un son qui se qualifie moins par son timbre que chez ses congénères. Il n'insistait pas sur le vibrato, mais sur la pulsation rythmique, lors de phases musicales d'une démarche radicale qui allaient influencer de nombreux saxophonistes. Pour beaucoup de « souffleurs » actuels, il demeure « le » saxophoniste...

ON THE SUNN
SIDE OF
THE STRE
PREZ

DJAN-
GO
Reinhardt

Django Reinhart

Il est né en 1910 dans une roulotte de gitans, près de Charleroi, en Belgique. Il mourut en 1953 près de Paris, non loin de son atelier de peinture, l'ultime passion d'une vie bien remplie… Entre ces deux dates trop peu éloignées, l'affirmation d'une musique personnelle, une musique de l'âme, qui ne se soucie pas de s'inscrire dans un courant ou une mode. Le guitariste Django, c'était avant tout une sensibilité et un amour de la belle note, celle de l'émotion. Il dépassa très rapidement une technique rudimentaire pour adopter un style propre, plein de nostalgie, reflétant les tourments de son cœur. On trouve dans la plupart de ses mélodies une affection à fleur de peau, issue des cordes sensibles de sa guitare qui distillent des notes inspirées et légères. Un tube, *Nuages*, qui redonne courage à tous sous l'Occupation, marqua son règne : celui d'un homme profondément homme, voyageur dans sa tête et dans ses thèmes.

PiANO

Art Tatum

Un virtuose du piano ? Pas seulement. Chez Art Tatum, on a l'impression qu'une forêt de doigts bat le clavier... Count Basie voyait en lui la huitième merveille du monde, rien de moins ! C'est que Tatum accordait une importance égale à ses deux mains, une sorte de révolution qui força l'admiration de tous ses dauphins, d'Oscar Peterson à Herbie Hancock. Chez ce professionnel complet, puisqu'il appréciait les musiques de Gershwin comme celles de Dvorak ou Massenet, on cherchait la boulimie de références, un sens aigu de l'harmonie, on trouvait un dieu du changement de tempo et un révolutionnaire des *prestissimos*... Né quasi aveugle, il dut batailler pour s'imposer dans des études classiques, puis dans des clubs et sur les ondes des radios locales. Il effectuera l'essentiel de ses enregistrements entre 1953 et 1955, avant de donner un dernier concert en solo en 1955. Ce poète du clavier disparaît pendant l'été 1956.

Ella Fitzgerald

Le destin d'une vie peut basculer en une seule petite journée. C'est ce qui arriva à cette chanteuse emblématique du jazz vocal, la grande, l'immense Ella Fitzgerald. En 1934, à l'âge de seize ans, elle se rend à un concours de chant à l'Apollo d'Harlem, salle mythique. Deux heures après sa prestation, l'orchestre de Chick Webb, l'un des plus prestigieux de son temps, décide de l'engager ! Sa carrière est lancée : elle sera pleine, solaire, enjouée et toujours placée sous le signe d'une naïveté feinte mais touchante. Elle possédait la bonté, la générosité et l'allant. Une force de la nature – et un talent qui la plaçait sur n'importe quel type de répertoire, où de toute façon elle excellait. Ce génie du chant était un exemple de rectitude, d'optimisme et de volonté.

The only thing better than
singin' is more singin'

STRANGE FRUIT
HANGING from The
Southern Trees
Bear strange fruit
Blood on the Leaves
& Blood on the Root
Black bodies swing
in the Southern Breez

Billie Holiday

Drogue, alcool, dérives sentimentales : Billie Holiday ou le trajet en enfer, l'incarnation de l'artiste maudite. À côté des affres d'une vie terriblement injuste, elle connut un miracle – sa découverte par le producteur John Hammond –, et une solide amitié, avec Lester Young, saxophoniste et homme de cœur. Elle savait chanter la vérité, dure ou sensuelle, transformant n'importe quelle mélodie mièvre en diamant vocal. Elle finit sa vie en la transcendant par une puissance émotionnelle unique, surpassant toutes les difficultés qu'elle pouvait rencontrer. Son répertoire possède son lot de perles d'une beauté triste et poignante... Billie Holiday, l'astre noir du jazz.

Be-
Bop

Créé dans les années quarante, le be-bop se veut une réponse au swing, qui s'échappait vers une destinée de plus en plus commerciale, en oubliant au passage certaines pertinences artistiques... Il fut donc « lancé » au club Minton's de Harlem, grâce au concours de quelques musiciens emblématiques comme Dizzy Gillespie, Kenny Clarke, Thelonious Monk, Charlie Christian ou Charlie Parker. Ces jeunes musiciens favorisent alors des phases musicales plus nerveuses, plus concentrées, plus heurtées aussi. Le be-bop poursuit son aventure durant les années cinquante, malgré la disparition progressive de ses maîtres : Charlie Parker, Bud Powell ou Fats Navarro. Avec d'autres musiciens, ceux-ci ont instauré une plus grande rigueur instrumentale dans les compositions et entraîné une rapidité d'exécution accrue. Le be-bop verra encore ces effets s'accentuer avec le hard bop, quelques années plus tard.

BIRDLAND
APOLLO
CHARLIE PARKER
SARAH VAUGHAN
MANHATTAN
COUNT BASIE
BROOKLYN
DIZZY GILLESPIE

New York

Bronx, Harlem, Manhattan, Brooklyn… mais aussi le Apollo Theater, le Cotton Club, le Village Vanguard, le Minton's, le Birdland… autant de noms qui évoquent de manière irrésistible le jazz et son esprit. Comme un panorama de la ville, de ses clubs, de ses lofts, de ses salles et de ses bars, chaque note semble ici prendre une ampleur, un volume particuliers. New York, la *jazz city* par excellence ?

LOVER MAN
Bird

Charlie PARKER

De son vivant, il ne rencontra qu'incompréhension et même mépris. Aujourd'hui, on sait combien Charlie Parker apporta au jazz. Le saxophoniste fut l'un des créateurs du be-bop, avec Thelonious Monk et Dizzy Gillespie. Il lança une « musique de l'instinct », en marge des big bands. Quasi autodidacte, il fut évidemment sensible au jeu de Lester Young, également très personnel dans sa démarche. Parker était un instrumentiste novateur, qui cherchait à briser les carcans des grilles harmoniques standards. Il était aussi un être fragile, qui sombra rapidement dans la maladie et la drogue. Il ne vécut que trente-cinq ans. Une issue tragique et rageante, quand on devine tout ce qu'il aurait pu encore donner au jazz...

SARAH VAUGHAN

Un charme et un swing indéniables. Mais aussi une technique irréprochable et un timbre particulier, à la fois soyeux et envoûtant. La chanteuse Sarah Vaughan avait une sensibilité unique et la capacité de surfer sur différents styles musicaux. C'était une chanteuse-caméléon qui savait interpréter le jazz aussi bien que la bossa ou la pop... Le 31 décembre 1941, elle réalise un premier enregistrement. Une déesse du jazz d'après-guerre naît ensuite, avec une participation, durant les années cinquante, dans de grandes formations de jazz, de Count Basie à Quincy Jones. Puis, dans les années soixante et soixante-dix, son talent s'envole vers les grandes formations symphoniques de Boston, Cleveland ou encore San Francisco.

in the
Land
of
Hi
Fi
come rain
or
come shine
Sassy

Les NABABS

Ils s'appellent John Hammond, Alfred Lion, Francis Wolff, Teo Macero, Norman Granz ou Rudy Van Gelder, les frères Ertegun, Quincy Jones… Ce sont les producteurs fétiches du jazz, ceux qui ont découvert puis poussé en avant Billie Holiday, Count Basie, Charles Mingus, Thelonious Monk ou Ella Fitzgerald. Grâce à eux, à leur concours, souvent à leur abnégation et à leur combat (citons Granz, qui a toujours refusé toute ségrégation raciale dans les tournées qu'il organisait), des artistes ont pu exprimer l'essence du jazz. Leurs labels discographiques (Verve, Blue Note, Atlantic, etc.) ont aussi beaucoup fait pour cette diffusion. Le jazz, c'est un artiste, une pochette, un label… mais aussi un producteur aux manettes !

Dexter GORDON

Un style direct et limpide, avec des accents de lyrisme et un timbre chargé d'harmoniques : Dexter Gordon fut un géant du saxophone ténor, au même titre que Coleman Hawkins ou Lester Young. Il s'attacha à la scène be-bop new-yorkaise, en gardant des attaches du côté de Los Angeles. C'est dans les années soixante que l'ascension et la chute se produiront... Il enregistre ses plus belles années pour le label Blue Note, mais plonge aussi dans les affres de la dépendance à la drogue. Dans *Autour de minuit* (1986), film de Bertrand Tavernier dont il est l'un des principaux interprètes, il devient immédiatement une figure emblématique du jazz sur grand écran... Après une traversée du désert au début des années soixante-dix, ce prêcheur du saxophone connaît une nouvelle et intéressante carrière chez les Danois de Steeple-chase, avant de raccrocher définitivement son instrument.

Bud Powell

Si l'on devait dénicher un pianiste symbolique de la vague be-bop, c'est bien Bud Powell qui sortirait vainqueur : il est l'incarnation de ce style. Dans sa démarche, où les idées semblent couler directement de sa tête à ses mains, on trouve de l'intégrité, de l'intransigeance et de l'originalité. Il fut au cœur du bouillonnement du be-

bop à sa création, au club Minton's, en compagnie de Thelonious Monk. Et c'est en 1947 qu'il publie ses premiers disques sous son nom. Mais des problèmes de santé, et surtout de drogue, le conduisent à s'éloigner de plus en plus du clavier. Il arrive en Europe en 1956, puis s'installe en France en 1959, comme tant d'autres jazzmen américains refoulés de leur pays. Il rejoint le club Blue Note, à Paris, en compagnie de Pierre Michelot et Kenny Clarke. Une tuberculose a raison de son talent en 1963. Il mourra à Brooklyn en 1966, dans un dénuement complet… Triste sort pour un poète des octaves, dont la vitesse de pensée et la vélocité d'exécution étaient légendaires. À la clé, une intense rigueur du phrasé et un sens du tempo imparable. Powell était aussi un inventeur mélodique de premier ordre, mettant son clavier sous une tension palpable permanente…

New Morning
Sunset
Baiser Salé
Montparnasse
Le Duc des Lombards

Des Années folles à aujourd'hui, Paris a su vivre et décliner sa passion pour le jazz. Le Vieux Colombier, le Club Saint-Germain, le Tabou, puis le New Morning, le Duc des Lombards, le Sunset, le Baiser Salé, le Petit Journal Montparnasse : autant de lieux qui ont façonné le goût d'une ville pour le jazz, depuis l'arrivée massive des jazzmen noirs américains durant une période bénie (des années cinquante à l'aube des années soixante-dix) jusqu'à nos jours, où le jazz entre en liaison avec les musiques du monde, l'électronique, la variété... Laboratoire fétiche européen de ces expérimentations : Paris.

PARiS

LE TEMPLE DU JAZZ

Dizzy Gillespie

Depuis ses débuts avec Cab Calloway et Earl Hines jusqu'à sa rencontre décisive avec Charlie Parker au club Minton's, le trompettiste Dizzy Gillespie s'était déjà affirmé et caractérisé par une joie de vivre intense et un désir de travail acharné. C'est avec Parker qu'il va mettre au point le be-bop, dans le laboratoire du club Minton's, à New York... Avec une conviction chevillée au corps et à l'instrument, il va ensuite participer à son développement. Il déploie alors une technique géniale, liée au désir de déstabiliser un style existant (le swing) tout en s'inspirant largement de ses fondements... Une démarche profondément originale qui le transformera en véritable caméléon du jazz, sans cesse curieux de nouveaux courants, comme la musique afro-cubaine et le *latin jazz*, auxquels il donnera leurs lettres de noblesse. Il reste actif jusque dans les années quatre-ving-dix, ne cessant d'affirmer son message d'ouverture musicale, de fête des sens aussi...

AFRO
CUBAN
DANCE

Afro-Cubop

On associe souvent la « négritude » au développement du jazz, en oubliant parfois de se rendre compte des influences de Noirs sur d'autres Noirs... Ainsi, les Caraïbes (Cuba et Haïti en particulier) ont notablement influé sur le jazz noir américain. Les États-Unis accueillent, après la Première Guerre mondiale, de nombreux immigrés en provenance de Cuba et de Porto Rico. Parmi eux, beaucoup de musiciens, qui n'attendront pas longtemps avant de s'imposer dans les combos et orchestres américains... À commencer par le Portoricain Juan Tizol, tromboniste chez Ellington en 1929, qui signa les thèmes définitifs que sont *Caravan* (1936) ou *Perdido* (1942). Le jazz afro-cubain signe son véritable acte de naissance à New York, centre du jazz où le be-bop commence à convoler avec la musique cubaine et ses dérivés, comme les fameux *hand drums* (congas et bongos...). Plus tard, on parlera de *latin jazz* pour évoquer les carrières multiples et fantasques de Mongo Santamaria, Tito Puente, Ray Barretto, Perez Prado, Eddie Palmieri... Mais les innovateurs, ceux qui ont lancé la vraie mode, s'appellent bien Machito (joueur de maracas qui créa son Machito Orchestra pour inviter Dexter Gordon, Dizzy Gillespie ou Cannonball Adderley), Chano Pozo (percussionniste), Chico O'Farrill (trompettiste puis génial arrangeur) ou Mario Bauza (trompettiste également).

Thelonious MONK

Il a arrangé et orchestré le silence. Ce pianiste et compositeur a instauré la révolution du be-bop. Il fut tout simplement l'un des génies pianistiques du xxe siècle… Il jouait les doigts à plat sur le clavier, comme pour dominer son univers. Ce que l'on retient aussi de ce personnage à l'apparence sombre et austère, c'est la maîtrise d'un monde harmonique, la recherche de la « note juste »… pas forcément celle qu'attendait son auditoire, d'ailleurs ! Il préférait jouer lent, en cherchant, en éprouvant, plutôt que de faire preuve de virtuosité dans une vaine rapidité. Il possédait un univers intérieur intense et profond. En danger permanent, il maniait comme personne les dissonances harmoniques dans des trames volontairement complexes. L'ultime poète de la note bleue ?

MONK
ALONE
SILENCE

cool west coast et jazz modal

Le développement du be-bop, durant les années quarante, entraîne des réactions assez virulentes de la part des musiciens de la « vieille école », pour qui ce courant ne signifie rien... Même certains partisans du bop adoptent un jeu moins « hystérique » que ses représentants les plus exubérants. C'est le cas notable de Miles Davis. Dès 1948, ce dernier exprime à New York son jeu doux et sensuel, en compagnie de musiciens blancs comme Lee Konitz ou Gerry Mulligan. L'école du cool est née. Elle a un emblème : l'album de Davis *Birth of the Cool*. L'arrangeur canadien Gil Evans intervient pour définir plus précisément les couleurs orchestrales accompagnant le soliste. Le jazz modal se pare ainsi des atours d'un *big band*, mais sans les frasques des grandes formations swing. On ralentit le tempo, on fignole les arrangements : on se rapproche ainsi d'une esthétique « classique ». En marge de cette école, un autre musicien, le pianiste Lennie Tristano, définit une esthétique plus ascétique, se concentrant encore plus sur la mélodie. D'autres artistes, venus de la côte ouest, sont rapidement assimilés au mouvement cool (citons Shorty Rogers, Shelly Manne, et bien sûr Chet Baker). On dit alors que le mouvement cool représente la caricature parfaite de l'ambiance de guerre froide régnant au même moment aux États-Unis : intellectuelle, dépressive, pessimiste et confinée dans une sorte d'émotion contenue. Et si, durant les années cinquante, les termes « cool » ou « west coast » ont souvent une tonalité péjorative, des artistes comme Tristano, Baker ou Mulligan trouveront plus tard une reconnaissance méritée.

MILES DAVIS

Depuis les années quarante, ce trompettiste incarne la quasi-totalité des métamorphoses du jazz instrumental, à travers de multiples révolutions modales. Avec *Birth of the Cool*, en 1949, Miles publie l'acte de naissance d'un style, le cool, mais aussi invente un vrai jazz orchestral, grâce à l'inventivité d'arrangeurs tels que Gil Evans ou George Russell. Ce disque historique présente un Miles Davis curieux du travail de Gil Evans, avec l'orchestre de Claude Thornhill, et qui veut en ré-appliquer les principes sur une formation restreinte. Plus tard, pour conclure une décennie brillante placée sous le signe d'un be-bop racé et subtil, Miles enregistre en 1959 ce qui demeure son chef-d'œuvre : *Kind of Blue*. Pour ce disque, il poursuit la voie ouverte par *Milestones* en 1958. *Kind of Blue* est en effet le premier sommet de la période acoustique de Miles, et l'un des enregistrements les plus célèbres de l'histoire du jazz. Durant cette période, il enchaîne les disques d'exception, en particulier en compagnie de son premier quintet (John Coltrane, Ed Garland, Paul Chambers, Philly Joe Jones), l'un des meilleurs qui aient existé. Il collabore aussi avec Bill Evans, puis s'ouvre au free et au rock... toujours au cœur des révolutions du jazz.

GIL EVANS

Ce gourou du jazz modal a modelé le traditionnel *big band* pour en faire un écrin idéal destiné aux plus grands solistes et compositeurs, à commencer par son protégé : Miles Davis. « Des nuages de sons », c'est ainsi qu'on a qualifié sa musique. Il est vrai que, Canadien fraîchement débarqué à New York, Evans s'est attaché, dès les années quarante, à arranger des compositions dans le sens de la richesse des harmonies, et non dans celui du rythme ou de la vitesse d'exécution. Un véritable travail d'impressionniste démarre pour ce magicien. Un orchestre *live* est mis sur pied avec Miles Davis, John Lewis, Gerry Mulligan et Lee Konitz, pour une œuvre qui marquera l'époque. Réaction au tonitruant swing, ce style cool est un appel à l'éveil des sens, une musique qui entre à l'intérieur des notes, mais qui n'en sort que discrètement. Dans les années soixante, Evans poursuit son travail d'orfèvre avec Miles Davis en enregistrant plusieurs pièces maîtresses, dont *Sketches of Spain* et *Porgy and Bess*. Son travail sur les harmonies demeure inégalé à ce jour ; continuellement ouvert d'esprit, Evans poursuivra ses recherches, dans les années soixante-dix, en s'intéressant notamment aux musiques du monde et à Jimi Hendrix.

Jazz et classique

Jazz et classique ont connu de tout temps une fascination réciproque mais équivoque, une relation de voisinage assez complexe, où la curiosité le dispute à l'envie, la découverte à la clairvoyance. On a parlé à une époque de troisième courant (*Third Stream*) qui tentait de mêler improvisation jazz et tradition classique héritée de la vieille Europe. Le courant s'inspirait aussi du dodécaphonisme et de l'atonalisme pour tenter de dépasser les modes habituels (mineur et majeur). Miles Davis, conseillé par George Russell, s'inspira de cette voie pour se lancer, avec *Kind of Blue*, dans le jazz modal.

PAUL DESMOND

Saxophoniste alto, mais aussi frère de sang du pianiste Dave Brubeck, Paul Desmond est un être quasi parfait : humoriste invétéré et artiste au jeu délicat, doté d'une culture insatiable, il a incarné le jazz west coast jusqu'au bout des doigts. On disait de lui qu'il avait le phrasé le plus lent du monde...

Si la carrière de Paul Desmond a été quelque peu éclipsée par celle de Dave Brubeck, son compagnon de route de 1948 à la fin des années soixante, le jeu de son saxophone alto demeure indissociable du tube qui l'a fait connaître : *Take Five*. Tout le style de Desmond est dans ce titre, entre grâce et dynamisme. Doté d'une technique très influencée par Lester Young ou Lee Konitz, l'esthète Desmond ne s'est jamais compromis dans une carrière commerciale, préférant distiller une musique précieuse et recherchée, fruit d'un travail acharné, mais aussi d'une profonde sensibilité. Un des derniers poètes du jazz ?

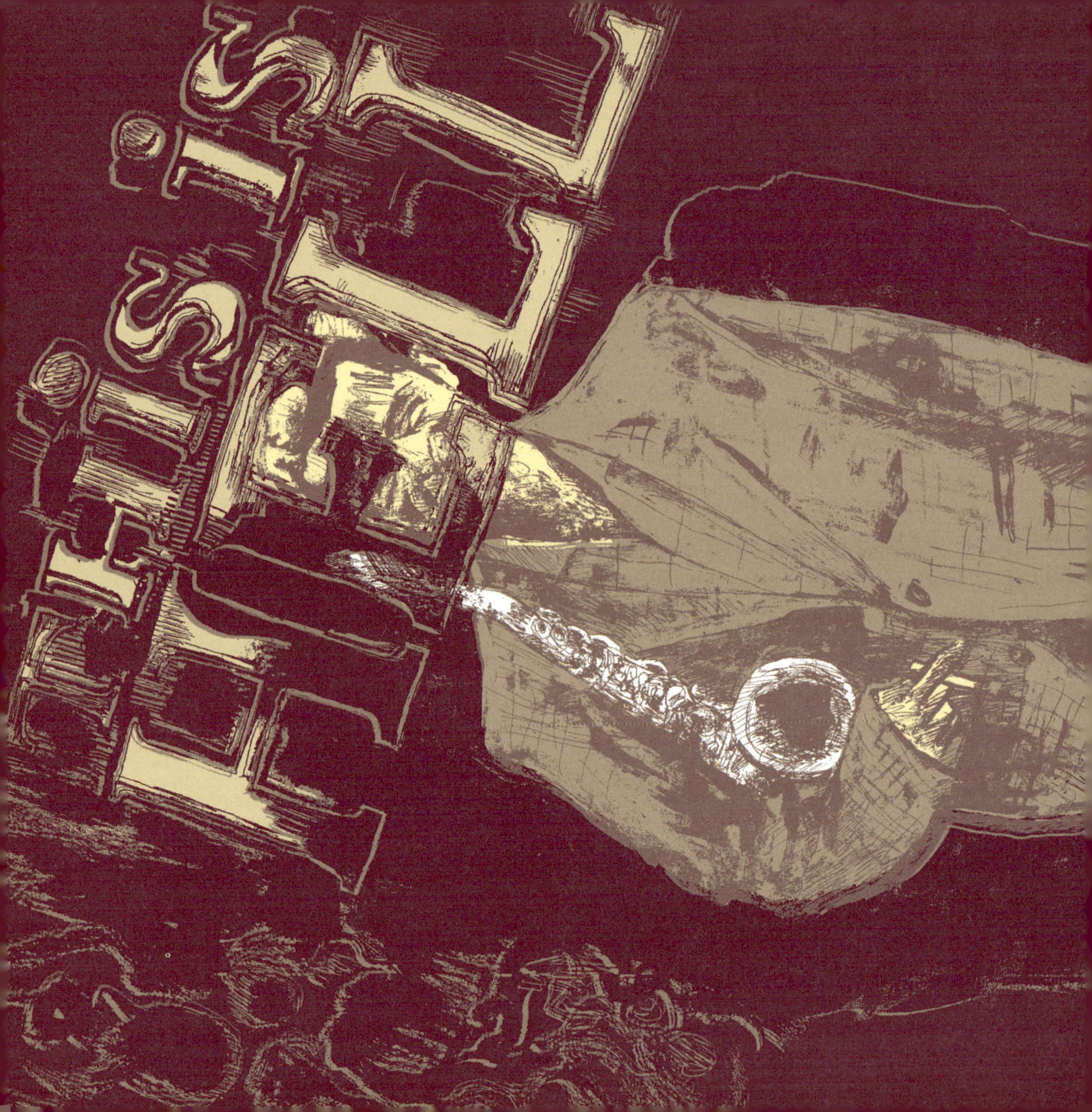

ART PEPPER

… ou le lyrisme poignant. Ce saxophoniste est l'artiste des émotions douloureusement vécues. Art Pepper est aussi un personnage de toutes les éclipses, des doutes, comme de l'absence. Sa vie n'aura que dévoilé les blessures sentimentales de cet écorché vif. S'il est devenu l'un des apôtres du jazz cool, son parcours ne fut pas à l'image de sa musique, lyrique et passionnée par moments, calme et somptueuse à d'autres. Il traversa en effet des crises terribles dues à la drogue, effectua des séjours en prison et connut de nombreuses difficultés de tous ordres.

THE
LIGHTHOUSE
Cafe

LOS ANGELES

Durant les années cinquante, le centre de gravité du jazz se déplace vers Los Angeles, et revêt les atours du style west coast. Gerry Mulligan, Bud Shank, Chet Baker… tous se retrouvent au Light-house, le club emblématique du genre. Le jazz west coast a souvent été qualifié d'« accident » par les intéressés. En effet, ce jazz « blanc » se fracassant sur le rivage de la côte Pacifique portait en son sein de nombreux artistes originaires de la côte Est. De plus, il existait déjà un jazz blanc dans d'autres régions des États-Unis, et même en Europe… C'est donc par quelques endroits symboliques, L. A. ou San Francisco, que le jazz west coast va pouvoir s'épanouir.

STAN GETZ

Une écume de tendresse et de bonheur sur la vague du cool. Maître incontesté et admiré du jazz aux couleurs pastel, il a donné au saxophone le son (« *the Sound* ») et le phrasé qui semblaient rêvés pour exprimer en même temps douceur et nostalgie. Premier succès en 1947, quand il enregistre pour la première fois *Early Autumn* avec l'orchestre de Woody Herman. À vingt ans, son talent est déjà reconnu. Auparavant, le très précoce Stan a fréquenté des personnalités comme Jack Teagarden, Stan Keaton, Benny Goodman ou Jimmy Dorsey. Puis Zoot Sims, Al Cohn ou Jimmy Giuffre. Dès son premier hit, on reconnaît le style de Getz entre mille : grâce, soin des atmosphères et légèreté de l'exécution. Getz réussit le tour de force d'être à la fois aimé du grand public et apprécié des amateurs les plus enragés. Un consensus qui se dessine encore plus nettement durant sa période cool puis bossa, dans les années cinquante et soixante… Stan Getz enregistrera aussi des sessions inoubliables avec Dizzy Gillespie ou encore Jay Jay Johnson. Il poursuit sa carrière, avec un sérieux teinté d'amusement, jusqu'aux années quatre-vingts, continuant à remporter d'importants suffrages et des récompenses multiples…

JAZZ ET SAMBA, BOSSA-NOVA

Ce n'est qu'à la fin des années quarante que les musi-ciens de jazz commencent à intégrer consciemment les sons du Brésil dans la musique intimiste des clubs citadins. Jobim, Getz, Gilberto, entre autres, rédigeront les plus belles pages du jazz bossa nova.
La meilleure carte de visite de ce courant fut sans doute créée par Stan Getz et Joâo Gilberto sur leur album Getz/Gilberto. Le saxophoniste cool Stan Getz fut en effet charmé par cette musique que lui avait fait découvrir le guitariste Charlie Byrd de retour d'un voyage au Brésil. Curieux, Getz s'enquit de la science du guitariste Luiz Bonfa et du compositeur Antonio Carlos Jobim, pour travailler sur des standards de la musique brésilienne et les présenter au public américain. Peu de temps après cette rencontre, Getz s'enferme en studio afin de capter les thèmes du disque à venir, en compagnie de Jobim, du guitariste et chanteur Joâo Gilberto et de sa femme Astrud. On connaît la suite : *The Girl from Ipanema, Corcovado, Desafinado...* autant de thèmes qui ont fait le tour du monde.

GERRY MULLIGAN

Une influence essentielle du jazz west coast. Mulligan fait de son saxophone baryton un instrument soliste à part entière, au même titre que son frère d'armes Miles Davis. Le timbre de Mulligan est mat, semblable au son d'un instrument à cordes, et se mêle harmonieusement à un phrasé souple et racé : sobriété et efficacité élevées au rang de lignes de conduite musicale…

Particulièrement précoce et doué, c'est à vingt et un ans que Gerry Mulligan a l'honneur de travailler avec Miles Davis et Gil Evans, sur *Birth of the Cool*, en 1949. Parfaitement à l'aise lors de ces sessions, il en profite pour laisser une trace de son talent sur des compositions essentielles comme *Jeru* ou *Venus de Milo*. Plus jeune, avant même d'arriver à un tel niveau, Mulligan était fasciné par le style de Lester Young, qui l'influença grandement. Il poursuit sa voie en travaillant à partir de 1952 avec Chet Baker. Un quartette est formé, dont la ligne de conduite sera le west coast. Séduit par l'exploitation qui peut être faite de l'esthétique cool, le quartette enchaîne les enregistrements (chez le label nommé Pacific Jazz Records: tout un programme !) d'œuvres qui garderont une éternelle jeunesse. À la fin de sa carrière, Mulligan multiplie ses pistes de travail en enregistrant des musiques de films et des collaborations diverses, en particulier avec Stan Getz et Paul Desmond.

There will never be another You

CHET BAKER

Dans l'empire du chuchotement qu'est la musique de Chet Baker, tout est magie d'un instant suspendu. Dévoilant dans une émotion à fleur de peau une destinée tragique, il a interprété avec une pudeur ultrasensible le drame de sa propre vie.

Certes, l'histoire a plus retenu de Chet Baker une image que des sons : celle d'une sorte de James Dean du jazz, sensuel et en suspension, « shooté » par le photographe William Claxton, qui voyait dans ce personnage lunaire une sorte d'archange plongé dans un enfer à venir, celui de la drogue. Mais les sons demeurent heureusement éternels grâce au disque, et c'est naturellement sa grande période cool qui reste gravée dans les souvenirs des mélomanes. En compagnie de Gerry Mulligan, à la tête d'un quartette, il va dresser le portrait idéal d'une musique détachée et exquise, qui semblait ne pas exister pour elle-même. Un jeu délicat, un tempo discret et, bien sûr, cette voix d'une douceur troublante caractérisent Chet Baker. Faculté rare dans le monde du jazz, il a réussi à créer à lui seul un son, qu'il conservera à vie, jusqu'à sa mort tragique en 1988, quand il se jette d'une chambre d'hôtel d'Amsterdam.

Bud Skank
Art Pepper
Tony Fruscella
Chet Baker

Les losers magnifiques

Ils ont pour nom Tony Fruscella, Art Pepper, Chet Baker… Ces artistes et tant d'autres ont sublimé l'image d'une quête de soi, d'un jazz dépouillé et pudique qui ne se vit qu'à fleur de peau. Décharnés et pourtant magnifiques, ils incarnent cette désespérance de la note bleue. « Le jazz sera bientôt un art perdu », affirmait Chet Baker, qui exprimait si bien sa sensibilité crépusculaire, en se promenant entre ballades aériennes et mélodies d'une pureté de cristal. Le trompettiste Tony Fruscella n'est pas en reste, avec une sensibilité là aussi exacerbée, une délicatesse de toucher qui le mettait continuellement en position de fracture musicale… Comme Baker, Fruscella sombre dans l'alcool, la drogue et l'oubli. Il disparaît en 1969, près de quinze ans après avoir fait publier son chef-d'œuvre en solo, *Tony Fruscella*.

ANITA O'DAY

Un style épuré, une facilité déconcertante, une présence spectaculaire : elle fut la voix privilégiée des plus grands orchestres des années quarante.

Anita O'Day possédait une tessiture exceptionnelle et une technique éprouvée, qui en faisaient l'une des rares chanteuses blanches à pouvoir rivaliser avec les interprètes noires. Pourtant, l'Europe en général, et la France en particulier, l'a plutôt boudée, sans raison valable. C'est avec des albums comme *All the Sad Young Men*, *Sings the Winner* ou *Travlin' Light* que cette artiste a exprimé un allant et une expressivité sans pareil.

Which instrument do you play, Jean-Paul ?
Bird & Sartre

Jazz et littérature

Le jazz doit beaucoup au « verbe », au mot, à toute cette littérature orale que représentent le blues, la *work song*, les *spiritual* et *gospel songs*... Toute la verve de cette musique parlée aboutira beaucoup plus tard au rap contemporain. À partir des années vingt, une abondante littérature s'efforce de capter l'esprit du jazz sous des formes diverses : poèmes, nouvelles, romans, théâtre, et surtout polar, avec les personnalités hautes en couleur de Chester Himes ou Jean-Patrick Manchette, de ce côté-ci de l'Atlantique. Impossible d'évoquer ici tous les écrivains qui ont entremêlé leur encre noire aux notes bleues, mais c'est au fil des pages de Hermann Hesse, Paul Morand, Céline, Jack Kerouac, Boris Vian ou Julio Cortazar que l'on découvre cette passion dévorante pour la musique improvisée. Musique dont les chorus savent si bien se marier aux improvisations écrites de ces écrivains...

Hard bop

Le hard bop est la forme moderne du be-bop, apparue à la fin des années cinquante, avant son éclipse en faveur du free jazz. Le hard bop dévoile une plus grande maîtrise instrumentale et une exploitation plus osée des grilles harmoniques. Il tente de revisiter les qualités du be-bop (improvisation, expressionnisme, énergie...) grâce à une poignée d'artistes, à partir des années 1953-1954. Ses principaux représentants s'épanouiront durant une riche période, qui verra se propulser des labels aussi importants que Blue Note : Max Roach, Art Blakey, Horace Silver, Lee Morgan, Donald Byrd, Sonny Rollins ou John Coltrane.

The JAZZ SINGER

Jazz et cinéma

Jazz et cinéma sont nés en même temps : il était normal qu'ils s'entendent… Le premier film parlant fut *The Jazz Singer*, un vaudeville désopilant mettant en scène un faux Noir, l'acteur blanc Al Jolson. C'est ensuite un autre Blanc, Paul Whiteman (!), que l'on remarque dans *The King of Jazz*. Mais le jazz était déjà présent dans les orchestres de fosse pour les films muets. Il s'agissait alors d'une « musique d'ameublement » jouée par des musiciens rémunérés au cachet, mais réellement riche et spontanée. Les années trente connurent aussi les premières diffusions de petits films destinés à meubler les changements de bobine aux entractes. Le cinéma poursuit sa quête du jazz par une série de biographies romancées : Bix Beiderbecke (*Young Man with a Horn*), Billie Holiday (*Lady Sings the Blues*, avec Diana Ross), Bud Powell (*Autour de Minuit*, avec Dexter Gordon), Charlie Parker (*Bird*). Quelques longs métrages demeurent centrés sur des musiciens, comme *L'Homme au bras d'or* d'Otto Preminger (avec Frank Sinatra) ou *The Connection*. Dernière tendance du jazz au cinéma : la musique d'accompagnement « intelligent ». Nombreuses sont les œuvres qui méritent d'être signalées : *Ascenseur pour l'échafaud* de Louis Malle (Miles Davis), *À bout de souffle* de Godard (Martial Solal), *Autopsie d'un meurtre* d'Otto Preminger (Duke Ellington), mais aussi *Sait-on jamais* (John Lewis), *Des femmes disparaissent* (Art Blakey), *Un témoin dans la ville* (Barney Wilen), *Shadows* (Charles Mingus), *Répulsion* (Chico Hamilton), *Alfie* (Sonny Rollins), *Blow Up* (Herbie Hancock), *Le Dernier Tango à Paris* (Gato Barbieri), *Les Valseuses* (Stéphane Grappelli), *Mortelle Randonnée* (Carla Bley) ou *La Soif du mal* (Henry Mancini)…

freedom NOW

MAX ROACH

« Le » batteur de jazz par excellence. Il fut de toutes les collaborations, toutes les expériences, tous les combats, dont un lui tint particulièrement à cœur : celui pour le peuple noir. Max Roach exerçait discipline et rigueur dans une parfaite recherche éthique, sans doute à l'opposé d'un Art Blakey, plus dionysiaque dans son approche musicale… Il fut très tôt influencé par le jeu de Kenny Clarke, après avoir tâté du piano. Dès 1943, et suite à de nombreux engagements, il devient une référence : on le voit jouer pour Coleman Hawkins, Dizzy Gillespie, Charlie Parker ou Miles Davis. Rien de moins… Dans les années cinquante, il multiplie les participations chez Charles Mingus ou Bud Shank, et participe à l'enregistrement de *Carmen Jones* d'Otto Preminger. Avec sa femme Abbey Lincoln, il enregistre ensuite *Freedom Now Suite*, un jalon essentiel de sa carrière, avant de s'intéresser, dans les années soixante puis soixante-dix, à l'Afrique, avec son groupe M'Boom Re. On le voit alors en compagnie d'Archie Shepp, Dollar Brand, Anthony Braxton ou Cecil Taylor.

ART BLAKEY

Art Blakey débute sa carrière au piano, en 1939. Mais bientôt c'est la batterie qu'il adopte, jouant en compagnie de Fletcher Henderson puis Mary Lou Williams. Dès 1944, il se produit avec Billy Eckstine, puis Dexter Gordon, Miles Davis ou Dizzy Gillespie. C'est en 1947, à la manière d'un Max Roach ou d'un Charles Mingus, qu'il s'ouvre vers l'Inde et l'Afrique, en allant jusqu'à voyager dans ces contrées. De retour à New York, il devient plus « percussif » dans son jeu. On le retrouve au Birdland en 1954, aux côtés d'Horace Silver, Kenny Dorham, Hank Mobley ou Doug Watkins. Se créent ainsi Horace Silver and the Jazz Messengers. Trois ans plus tard, Art Blakey prend la direction du groupe : les célèbres Art Blakey and the Jazz Messengers sont nés. De nouvelles recrues passent au sein de la formation : Donald Byrd, Lee Morgan, Wynton Marsalis, Jackie McLean, Wayne Shorter, Bobby Timmons, Keith Jarrett ou Stanley Clarke... à l'origine d'un nombre important de succès, dont *A Night in Tunisia* ou *Club St Germain*...

JAZZ MESSENGERS

Giant Steps
BLUE TRAIN
my favorite

JOHN COLTRANE

Une quête musicale permanente, une mise en abyme impressionnante, une décharge émotionnelle continue : le saxophoniste John Coltrane est l'un des monstres du jazz, au même titre que Miles Davis ou Duke Ellington. De Miles Davis en 1955 à Thelonious Monk en 1957, il peaufine sa formation et ses contacts, mais n'affirme vraiment son discours qu'à partir de la trentaine. En 1960, à l'âge de trente-quatre ans, il forme son quartette, avec McCoyTyner, Jimmy Garrison et Elvin Jones. L'expérience du jazz modal le conduit ensuite à fréquenter dans ses enregistrements l'Espagne (*Olé*), l'Afrique (*Africa Brass*) ou l'Inde. Puis, avec des œuvres de plus en plus spirituelles (*A love supreme*, *Ascension*, *Crescent*...), il se dirige vers un mysticisme fascinant. Apaisé ou furieux, mystique ou proche d'un free jazz qu'il découvre, Coltrane poursuit ses recherches personnelles dans une attitude où le détachement est confronté à une spiritualité sans cesse plus présente. Jusqu'à la fin de sa vie (1967), il côtoiera des artistes issus du modal comme du free jazz...

THE LOOK
ZOOT SUIT
HIPSTER

JAZZ ET MODE

Le jazzman a une façon de parler propre (le *jive*), de s'habiller, bref de vivre... Dès les années vingt, on remarque Joséphine Baker dans sa « revue nègre », qui semble définir par son accoutrement et sa liberté de ton une « jazz attitude ». Dans les années trente, Cab Calloway, en crooner fantasque, enfonce le clou. Il lancera la mode des *zoot suits* et des zazous (une attitude de résistance sous l'occupation allemande). Une allure typique, un argot calculé et une nouvelle musique plus loin, le be-bop : cette fois, nous côtoyons costumes amples et froissés, cravates ou nœuds papillons fleuris et rayés... Avec deux détails qui changent tout et qui définissent sans doute pour la première fois une vraie mode dans le jazz : le bouc (*goat*) et le béret (souvenez-vous de Dizzy Gillespie !). Il est alors *hip* d'être cool, pour devenir... *hipster* (branché). Jamais dupes des conventions et du sens des mots selon les classes sociales, les jazzmen se voient rejoints par nombre d'artistes en quête d'une vérité et peut-être d'amusement, à commencer par Boris Vian ou Norman Mailer, deux géants de la littérature attirés par la note bleue. À la fin des années cinquante, les *hipsters* sont chassés gentiment par les beatniks, alors que la *beat generation* se développe. On abandonne les costumes élimés pour le débraillé exotique et les chemises indiennes... Derrière la pop et le rock des hippies, le jazz se cale au second plan. Dans les années quatre-vingts, le jazz revient par la porte de la pop avec des artistes comme Tom Waits, Elvis Costello, Sade ou Everything but the Girl... L'esthétique du jazz des années cinquante et soixante réapparaît dans des films comme *Absolute Beginners*, *Bird* ou *Autour de minuit*.

PASSIONS
JAZZ
WORKSHOP
Oh Yeah

CHARLES MINGUS

Un volcan créatif pour un homme en colère. Une colère qui poussait invariablement à une création hors norme. Un caractère aussi, trempé dans une haute exigence et un irrésistible besoin de justice, comme le prouve le titre de son autobiographie : *Moins qu'un chien*... La colère du contrebassiste était canalisée dans une vision musicale qu'il maîtrisait de bout en bout. Il débute en 1955, date à laquelle il travaille à son compte. À trente-trois ans, il s'ouvre au free jazz, tout en demeurant respectueux des grilles harmoniques. Son œuvre fouille alors dans toutes les possibilités mélodiques ou rythmiques : on parle de ses « couleurs orchestrales »... Comme Gil Evans ou Duke Ellington, Mingus est devenu un compositeur et arrangeur de génie. C'est à trente-trois ans encore qu'il monte ses *Jazz Workshops* (avec une dizaine de musiciens en moyenne). Il aborde également des sujets musicaux divers, en s'intéressant aux pays arabes, à l'Afrique, à l'Amérique du Sud ou à l'Inde... En 1956, il abandonnera les partitions. De 1950 à 1960, il enregistre ses plus beaux joyaux en matière d'improvisations collectives. Il meurt au Mexique, oublié du grand public mais vénéré par un cercle d'admirateurs, en 1979.

SONNY ROLLINS

Sans doute le saxophoniste qui a le mieux réussi à « unifier » le son de son instrument, car il réussit l'exploit de rendre sa musique identifiable dès les premières notes. En explorant différentes options musicales, il cherche à se démarquer de ses congénères. Le jeu de celui que l'on qualifiait un peu facilement de « colosse tranquille » s'achemine au contraire vers des territoires d'instabilité, vers une recherche de la rupture. Beaucoup moins sage, finalement, que les jeunes prodiges d'aujourd'hui. De tout temps saxophoniste ténor (il en est l'incarnation), Theodore Walter « Sonny » Rollins a débuté dans des orchestres de rhythm'n'blues new-yorkais, avant de jouer pour Art Blakey ou Miles Davis. Issu du hard bop, il médite son parcours en écoutant avec attention John Coltrane ou Ornette Coleman, leur itinéraire chaotique mais entier, leur envie de dépasser les stricts cadres du jazz. Il tente alors tout, en solo, duo ou trio, avant de prendre une retraite provisoire en s'entraînant sur le pont de Williamsburg. Expérience qui aboutira au célèbre album *The Bridge*, en 1961. Du hard bop au free jazz puis au néoclassique, Rollins enchaîne les spectacles et les disques, pour devenir naturellement l'un des derniers géants du saxophone jazz.

100

Oscar PETERSON

Un virtuose confirmé, mais aussi un être sensible et espiègle, véritable inventeur harmonique dans le domaine du jazz classique. Ce pianiste canadien possède une rare vélocité, un sens de l'attaque et un swing éternels. Ce que l'on oublie parfois, c'est qu'il dégage par ailleurs la sensibilité d'un Bill Evans. La formule du trio fut la plus prisée par ce musicien prolifique, qui enregistra plus de cent albums au fil d'une carrière impressionnante. C'est en 1951 qu'il constitua pour la première fois sa propre formation. Au fil des remaniements, un trio en or se détacha : celui qu'il forma avec Ed Thigpen et Herb Ellis. Après plusieurs essais en trio et en quartette durant les années soixante-dix, il trouvera enfin une formule particulièrement talentueuse en compagnie de Joe Pass et Niels-Henning Orsted-Pedersen.

yeah CRUMB
shake it baby

JAZZ ET GRAPHISME

Le vrai mariage entre jazz et bande dessinée ? Il se produit de manière probante durant les années quatre-vingts, avec en particulier *Le Bar à Joe* de Muñoz et Sampayo, mais aussi *L'Homme de Harlem* de Crépax… Entre l'ancêtre Crumb (et ses *strips* en noir et blanc) et la nouvelle génération représentée par Loustal et Paringaux (*Barney et la note bleue*), la bande dessinée a vécu une intense histoire d'amour avec le jazz. La peinture s'y intéresse dès les années dix, avec un flirt de plus en plus poussé entre la musique et les peintres : une liberté de pensée, de vie, loin des académismes… Des deux côtés, on retrouve la liberté du geste, des rythmes et des improvisations spontanées. Cocteau évoque les « coloristes de la nuit ». Durant les années trente, l'art abstrait s'inspire du swing et de l'improvisation. Dès les années quarante, les séances d'improvisation instaurent des collaborations plus poussées entre peintres et musiciens. À partir des années cinquante, des jazzmen tentent une toile, tandis que des peintres s'essayent au jazz. Kline, Pollock, De Kooning écoutent ouvertement du jazz, et des graphistes s'affichent de plus en plus chez les labels Verve ou Blue Note pour exercer leur talent sur les pochettes d'albums. Le label Pablo demande même à Picasso l'autorisation d'utiliser un de ses dessins comme emblème ! Parmi les jazzmen s'essayant à la peinture, citons Django Reinhardt (dans un style néo-naïf) ou Miles Davis (adepte de la couleur vive et du féminin). Parmi les peintres mélomanes, citons le *Misterioso* de Chirico (inspiré par Monk) et les toiles de Pollock « drippées » au son d'Ornette Coleman…

ANNONBAL
ADDERLEY

Cannonball Adderley

Julian « Cannonball » Adderley ou l'alto post-parkerien. Il est le plus inventif des héritiers du maître Charlie Parker. Après des passages auprès de John Coltrane et Miles Davis en 1958 et 1959, il forme son propre quintet, qu'il fait tourner au gré des collaborations entre 1960 et 1975 : Bill Evans, George Duke, Wynton Kelly, Joe Zawinul... Entre jazz, blues et funk, les tubes du « boulet de canon » s'enchaînent : *Sermonette*, *This Here* ou *Work Song*...

PAUL CHAMBERS

C'est l'accompagnateur rêvé de tous les leaders. Ce contrebassiste possède en effet une sûreté de tempo et une musicalité parfaites. Familier du registre grave (qu'il aime aborder à l'archet), Chambers a un jeu de facture lyrique dans son intonation et son attaque. De 1955 à 1962, il fréquente Miles Davis et d'autres pointures, grâce au dynamisme de ses lignes de basse. Avec John Coltrane, il participe à son immense *Giant Steps*. Coltrane lui-même lui dédicace d'ailleurs un titre : *Mr P. C*... En 1963, on le retrouve en compagnie de Wynton Kelly et Jimmy Cobb. Il jouera ensuite en free-lance jusqu'à la fin de sa vie.

BASS
ON TOP

Falling
in
Love
with
Love

Helen Merrill

Une chanteuse unique, figure de proue de ce jazz « blanc » parfois incompris ou méprisé. Chez elle, on note un puissant ressort dramatique, un art de la confidence, des phrases feutrées émises avec un fort pouvoir émotionnel. Dans des interprétations en apesanteur, chaque note cristalline de ses chansons investit l'espace tel un doux nuage sonore... Helen Merrill a débuté sa carrière au sein de grands orchestres, avant de la poursuivre en solo. De son timbre diaphane, elle a dominé un jazz modal et sensible. La voix fragile et fibreuse de Merrill s'est jointe aux meilleurs partenaires : Dick Katz, Thad Jones, Jim Hall ou Ron Carter, entre autres...

Jazz et photo

Le jazz en photos, c'est au départ une affaire de généralistes qui tentent d'aborder un monde un peu inconnu : on pense à Irving Penn, Robert Doisneau ou Robert Frank...

Et puis les spécialistes font leur apparition, qu'il s'agisse de Frank Diggs ou de William Claxton, lequel, de Bechet à Coltrane, immortalisera bon nombre de musiciens. Herman Leonard ou Charles Stewart, eux, s'intéressent à la scène new-yorkaise, tandis que Bill Gottlieb ou Veryl Oakland développent une activité tous azimuts. L'Europe n'est pas en reste, avec l'Italien Giuseppe Pino ou le Français Jean-Pierre Leloir. Le métier se professionnalise ensuite avec la création de l'agence Méphisto. Le sublime de la relation jazz-photo demeurera longtemps magnifié dans des tirages noir et blanc... même si la couleur est de plus en plus présente dans le jazz.

free jazz

Apparu dans les années soixante, le free jazz peut être considéré comme la prolongation logique du be-bop puis du hard bop. Il se propose de faire éclater les schémas rythmiques, mélodiques et harmoniques habituels, pour s'ouvrir sur une nouvelle tonalité, d'autres musiques (principalement les musiques du monde), une autre exécution publique, et même l'adjonction de bruits ou d'éléments extérieurs au style jazz tel qu'on le connaissait. Quelques théoriciens, comme George Russell ou Charles Mingus, vont explorer quelques voies dans lesquelles s'engouffreront des artistes aussi divers que Ornette Coleman, Albert Ayler, Pharoah Sanders, Archie Shepp ou même John Coltrane et Art Blakey. Le free a été dépassé dans le courant des années soixante-dix, avec l'apparition de la fusion et du jazz-rock.

Cole man
Ornette Coleman
THE ARK

Ornette COLEMAN

On peut dire de ce saxophoniste qu'il a inventé un langage. Il a fait partie des individualités les plus évidentes du jazz, et plus précisément d'un free jazz libertaire et défricheur. Il est à l'origine d'inventions constantes et de nouveaux concepts musicaux : sa liberté et son sens de l'improvisation en font l'un des maîtres du free jazz dans les années soixante.

Les débuts d'Ornette Coleman furent très classiques. Formé par le rhythm'n'blues, il rencontre ensuite Don Cherry et John Lewis, avec qui il réalise ses premiers enregistrements. Entre 1959 et 1961, sous contrat avec Atlantic, il sort un album tous les six mois ! Six albums, dont le fameux *Free Jazz*, manifeste du courant du même nom. Durant une seconde période créatrice, à partir de 1965, on le suit sur les traces de sa magnifique *Chappaqua Suite* et de *Skies of America*, vastes fresques plus apaisées mais toujours inspirées par les traits de la colère. Dans les années soixante-dix, il tente des enregistrements électriques, avec basse et guitare, avant de revenir vers une musique plus conventionnelle mais toujours tournée vers la recherche et le questionnement.

ERIC DOLPHY

Avec Eric Dolphy, son saxophone et sa flûte, on navigue en permanence dans un territoire de recherche, entre tradition et avant-garde. La critique française l'a un temps surnommé « le passeur », tant son désir de faire découvrir d'autres artistes, son altruisme, était grand. Jeter des passerelles... il semble que ce fut l'activité favorite de cet artiste mort trop jeune (une crise d'urémie en 1964, à trente-six ans, alors qu'il allait s'installer en France). Il fit ses premiers pas avec Charles Mingus, une influence majeure, sur la côte Ouest – il retrouvera ensuite régulièrement le contrebassiste. Ses années soixante seront marquées par John Coltrane et Ornette Coleman. C'est pendant cette période qu'il forme son propre quintet avec Booker Little. Entre formation classique et recherche fondamentale exprimée dans un jazz aux accents audacieux, Eric Dolphy tenait paradoxalement un discours musical très cohérent, qui s'amusait à déstructurer les mélodies, à les pervertir avec des dissonances, bref à mettre constamment en éveil l'attention de l'auditeur... Une musique sur la brèche, qui résume presque un personnage en perpétuel questionnement.

SOFTLY
as in a morning sunrise

The CRY
of my PEOP

ARCHIE SHEPP

Archie Shepp est l'une des mémoires vivantes du jazz, l'un des derniers monstres sacrés du hard bop et du free. Il est l'archétype de l'artiste qui a traversé tous les cycles, toutes les périodes, luttes et interrogations. Son saxophone improvise tôt hors des progressions harmoniques classiques. On le sent voiler peu à peu ses influences les plus évidentes, de Lester Young à Charlie Parker. Mais c'est sans doute John Coltrane qui va le révéler encore plus dans son parcours, en produisant son premier album, *Four for Trane*. Shepp crée alors son New York Contemporary Five, dont le mode opératoire (trois « souffleurs », une contrebasse, une batterie) sera bientôt un modèle du free jazz. Il participe ensuite au gigantesque *Ascension* de Coltrane, se tourne vers l'Afrique de l'Ouest pour donner des œuvres telles que *The Magic of Ju Ju*… Shepp aura toujours synthétisé l'ensemble de la *Great Black Music,* du gospel au bop, du blues à Ellington. Il est le premier géant post-Coltrane, ample et généreux au saxophone ténor, plus intime au soprano. Son style est devenu plus sobre avec le temps, s'échappant de temps à autre du côté du piano et même du chant…

ART ensemble of CHICAGO

En 1965 est créée à Chicago l'AACM : Association for the Advancement of Creative Musicians, destinée à promouvoir les « nouvelles musiques », en particulier cette *Great Black Music* qui, au tournant des années soixante, prend des libertés au contact du hard bop et du free jazz... Deux ans plus tard est monté l'AEC, soit l'Art Ensemble of Chicago. Il deviendra le plus célèbre des orchestres de l'AACM, guidé par plusieurs principes immuables : un quintet de multi-instrumentistes, un répertoire puisé dans la musique noire, au sens très large, du gospel au free jazz en passant par le blues ou même les polyphonies africaines, et un spectacle total sur scène, avec musique, sons d'ambiance, scénographie, décors et maquillages... À la création de l'Ensemble, en 1967, c'est un quartette qui débute, formé par le trompettiste Lester Bowie. Sa plongée dans l'AEC représente un vrai bain de jouvence et de créativité, son plaisir à créer et partager des moments uniques est palpable. D'autres artistes seront essentiels au développement artistique du groupe. Citons Roscoe Mitchell, entré en 1968 dans l'AEC, qui en deviendra le principal compositeur.

GREAT
black
musi

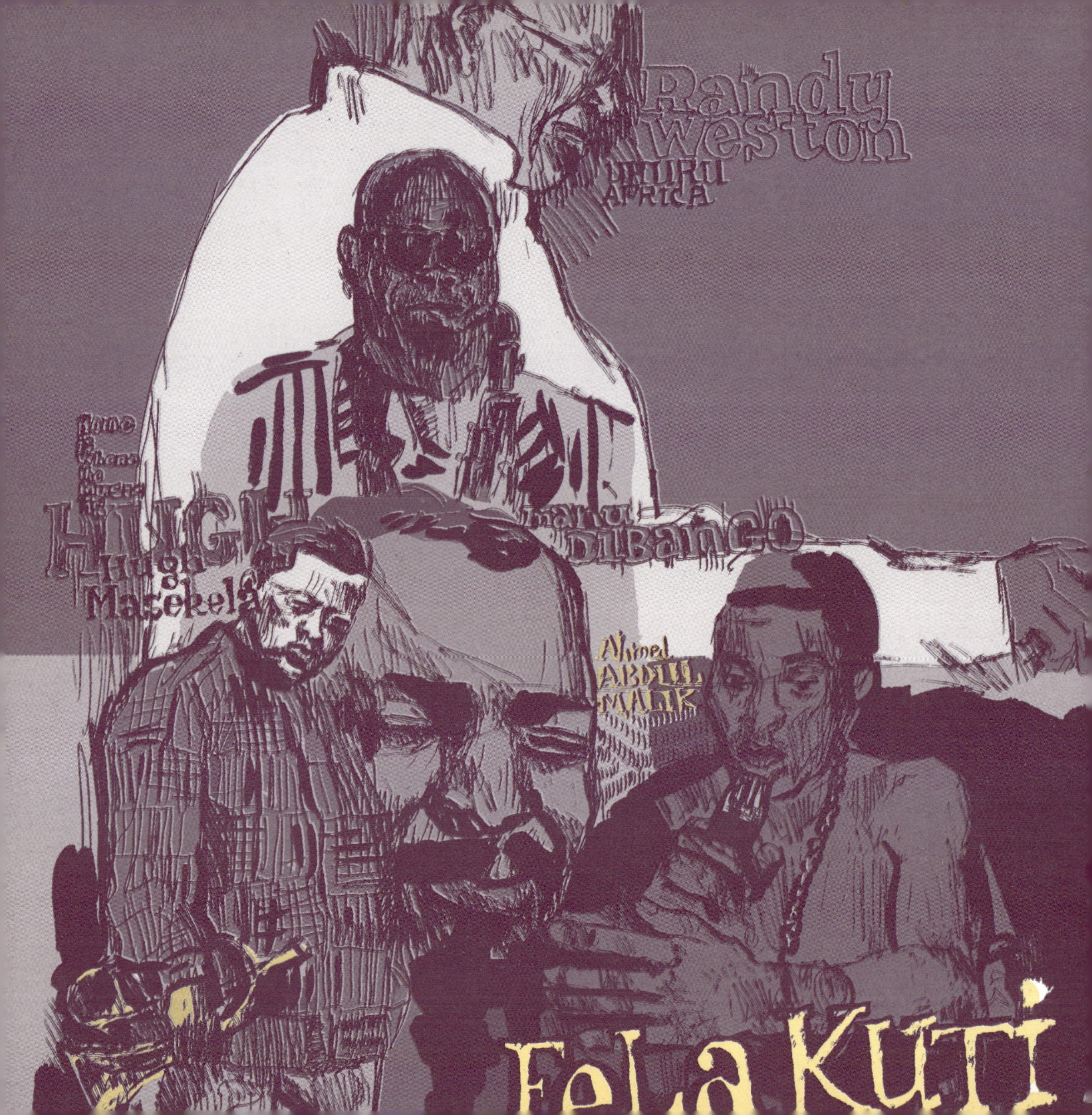
Randy Weston
Uhuru Africa
Home is where the music is
Hugh
Hugh Masekela
Manu Dibango
Ahmed Abdul Malik
Fela Kuti

Afro-jazz

On sait que le blues et le jazz doivent beaucoup à la musique africaine... Ses influences peuvent s'entendre chez Art Blakey, Pharoah Sanders, Archie Shepp, Eric Dolphy, Charles Mingus ou Louis Armstrong, qu'il s'agisse d'un simple emprunt ou de l'élaboration de toute une esthétique. Quand Duke Ellington écrit sa célèbre *Liberian Suite*, il dépasse l'hommage compassé ; quand il lance le pianiste sud-africain Abdullah Ibrahim (ou « Dollar Brand »), il ne fait que renvoyer l'ascenseur à un continent parfois oublié. Le pianiste américain Randy Weston, de tout temps passionné par le continent africain, s'installa au Nigeria durant les années soixante, pour aller ensuite voir et écouter du côté de Tanger, tout en composant de magnifiques suites, comme *Uhura Africa*. Et le jazz africain ? Il existe bien sûr, mais a appris à connaître de multiples variations, empruntant à la fois au jazz et aux musiques ethniques et tribales, voire au rock et à la pop... On peut citer mille genres qui ont fomenté la révolution musicale africaine : le *high life* nigérian (qui combine jazz et guitares), la *juju music*, le *soukouss* et la rumba congolaise, le *mbalax* du Sénégal, les orchestres mandingues du Mali, le *jive* et le *mbaqanga* sud-africain... Parmi les personnalités marquantes, on pointe le saxophoniste camerounais Manu Dibango, célèbre pour son *Soul Makossa*, le premier tube réellement africain d'une vraie soul music du continent. Outre le lyrisme et le jeu en percussion du pianiste Abdullah Ibrahim ou de son compatriote le trompettiste Hugh Masekela, Fela Kuti fut un héros dans son pays (encore le Nigeria), entre *high life* et *afro beat*, qu'il lança avec la verve d'un James Brown africain...

Charlie HADEN

Le contrebassiste Charlie Haden fait ses débuts avec Ornette Coleman, entre 1959 et 1962. De cette période à la maturité de son œuvre, en compagnie du Quartet West, Haden a toujours recherché la mélodie inoubliable, la caresse sonore, plus que la démonstration de force. Le premier réel fait d'armes de sa carrière est la formation, en 1969, de son Liberation Music Orchestra, qui développe la quintessence d'une époque, d'un lieu et d'un esprit, celui d'une dynamique de groupe, d'une joyeuse symphonie ayant pour lieu fétichisé et fantasmé l'Espagne de 36-39… La revendication politique prend alors forme au sein de la fine fleur du jazz libertaire, qui a pour hérauts Don Cherry, Dewey Redman ou Ed Blackwell. Ses collaborations ne s'arrêtent pas là, bien au contraire. Il fréquente d'illustres partenaires, parmi lesquels Keith Jarrett ou Paul Motian. À partir des années quatre-vingts, sa carrière prend une tournure plus classique avec, par exemple, sa démonstration de force tranquille lors du festival de jazz de Montréal, aux côtés de Don Cherry et Ed Blackwell, où il semble se plonger dans chaque note, prolonger des instants suspendus de bonheur…

Liberat
MUSIC
ORCHESTRA

The
creator
has a
Master Plan

Pharoah SANDERS

Du rhythm'n'blues à John Coltrane, qu'il a accompagné pendant les deux dernières années de sa vie, le saxophoniste Pharoah Sanders a peaufiné sa formation dans le domaine du free jazz « exotique », avec de constantes références à un continent mythifié, l'Afrique. Dotée d'une puissante envergure spirituelle, la musique de Pharoah Sanders allie références ésotériques et mystiques à une technique de base très solide, dans un registre très varié. Jeu sur octaves, harmoniques, mais aussi intense jeu physique : ces ingrédients ont bâti la réputation de Sanders, principalement durant les années « acoustiques » du maître (la décennie des années soixante). Son jeu s'électrifie ensuite au cours des années soixante-dix, avec une constante vision généreuse et altruiste de la musique…

Sun Ra

On suit la trace de Sun Ra principalement à partir des années cinquante. Qu'affirme-t-il alors ? « Je dédie ma musique au Créateur de l'Univers et non à l'homme. » Car le saxophoniste, compositeur et chef d'orchestre place sa musique au niveau des étoiles et du cosmos, dans une énigmatique mise en scène... Sun Ra, plus prosaïquement, s'affiche comme un réel progressiste et avant-gardiste. Au début des années cinquante, son trio joue sur instruments électriques (claviers en particulier). Sa musique électronique se développe au sein d'une vaste « coopérative musicale », où passent de nombreux artistes. Son école influencera directement l'Art Ensemble of Chicago. L'Arkestra (c'est le nom de sa formation) voit défiler un grand nombre de solistes, dont John Gilmore, Marshall Allen, Charles Davis ou Wilbur Ware. Un big band futuriste ? Avant tout, il est question ici de liberté artistique et d'improvisation collective, de swing galactique, de *free* intersidéral ou de *drive* spatial... Ce que l'on retient de ses tournées spectaculaires, c'est aussi son goût pour les mises en scène incroyables !

enlightenment

classi-cisme et fusion

Les années soixante-dix sont celles de l'exploration en jazz. Voyage intérieur chez des musiciens qui cherchent dans l'introspection un chemin vers l'excellence. Voyage extérieur via de multiples tentatives de fusion avec d'autres styles musicaux. Le courant de la « fusion » regroupe plus ou moins toutes les expériences jazz-rock. Principalement basée sur une rythmique binaire (comme le rock), la fusion désigne la rencontre du jazz et du rock, qui s'est essentiellement produite à partir du début des années soixante-dix. Le but assumé était en grande partie d'ouvrir le jazz moderne à un public rock grandissant. Au cours des années quatre-vingt, la fusion semble dans une impasse et on assiste à un retour au style be-bop, plus classique. Des artistes comme Wynton Marsalis symbolisent ce retour à des combinaisons sonores moins aventureuses, plus proches du be-bop et du hard bop, quand il ne s'agit pas de rendre hommage à certaines figures du swing comme Duke Ellington ou Count Basie... Keith Jarrett, John McLaughlin ou Pat Metheny peuvent aussi être inscrits dans cette « nouvelle vague », qui a contribué à réconcilier le jazz avec un grand public avide de belles sonorités (grâce à un retour aux instruments acoustiques) plus que d'expériences parfois improbables.

CALATOR over THE HILL

Carla Bley

Carla Bley est une artiste, pianiste, compositrice et arrangeuse, qui a su imposer une vue hautement originale sur le monde du jazz. Elle le dit elle-même : « Je désire préserver mon ignorance. » C'est-à-dire se détacher de tout intellectualisme et appeler constamment parodies et citations humoristiques pour nourrir une musique fantasque. Carla Bley a commencé sa « carrière » comme employée au Birdland, dans les années cinquante. C'est là qu'elle rencontre son premier mari, Paul Bley. Elle compose pour lui et une série d'amis, dont l'arrangeur George Russell. En matière d'arrangements, elle s'y connaît : fille d'un organiste et compositeur, elle s'intéresse elle-même à tout, de l'écriture à l'interprétation. Dans l'orchestre *made in Carla*, une grande place est laissée aux cuivres, au cor et aux anches, qui symbolisent chaleur et joie de vivre. Plus tard, soutenue par Steve Swallow, sa musique prend un tour plus épuré, alors qu'elle-même s'attache de plus en plus à la composition au piano. Elle continue à étonner son auditoire et ses fans durant les années soixante-dix, délivrant des univers musicaux plus ou moins calibrés, qui laissent, de manière remarquable, une large place à des solistes de tout genre…

Bill evans

Bill Evans, une symphonie de sensibilités sur un clavier… Le pianiste s'est toujours exprimé dans la secrète recherche d'un absolu. Son influence sur d'autres spécialistes du clavier, comme Herbie Hancock, Chick Corea ou Keith Jarrett, est considérable. C'est lui qui introduit de manière évidente et presque définitive la notion d'impressionnisme pianistique dans le jazz. Evans a débuté dans les années cinquante, inspiré par des pianistes comme Fats Waller ou Erroll Garner. On le retrouve dans le quintet de Miles Davis, qui a eu le flair de le recruter très jeune… Ses écoutes personnelles (Ravel, Debussy, Fauré…) ont leur importance, car elles déterminent son parcours sensible et sa grande ouverture sentimentale, voire romantique. Avec Miles Davis, Evans enregistre l'un des chefs-d'œuvre discographiques du jazz : l'album *Kind of Blue*. Sa carrière prend un tour vraiment décisif quand, en 1956, il se lance dans la formule du trio, dont il devient le patron incontestable. Des virtuoses se succéderont à ses côtés : Scott LaFaro, Eddie Gomez ou Marc Johnson à la contrebasse, Paul Motian, Jack DeJohnette ou Joe La Barbera à la batterie… En solo ou en trio, son legs demeure incontesté et incontestable. Il décède en 1980.

alone

Light
as
a
feather

Chick Corea

Avec son feeling « pulsionnel » et son tempérament latin, le pianiste Chick Corea pourrait passer pour l'un des artistes les plus fantasques du clavier. Ce touche-à-tout s'est souvent illustré par un certain génie, entre lyrisme sincère et romantisme de pacotille, comme en témoignent des œuvres et des formations innombrables (*Children's Songs*, Return to Forever...). Il aime la diversité et cherche à échapper aux étiquettes qu'on voudrait lui coller. Acoustique et électrique, *latin* et be-bop, jazz et classique, Corea défie perpétuellement les classements faciles. Sa carrière a débuté avec la découverte des musiques de Charlie Parker et Bud Powell. Il sort avec succès de premiers disques, dont *Now he Sings, Now he Sobs*, et s'empare d'un piano électrique en 1969. On le voit ensuite remplacer Herbie Hancock dans l'ensemble de Miles Davis (une vraie consécration), pour qui il participera aux enregistrements de *In a Silent Way* et *Bitches Brew*, entre autres. En 1972, il crée sa célèbre formation Return to Forever, qui lui permettra d'inviter de nombreux artistes, dont Airto Moreira et sa femme, Flora Purim.

Herbie Hancock

Du jazz le plus épuré aux expériences électriques les plus délurées, Herbie Hancock a maintes fois prouvé qu'il maîtrisait un jeu racé et fin, sans démonstration de force inutile. Cet esthète possède, outre une technique pianistique de haute tenue, une inspiration profonde qui dévoile des territoires d'une grande pureté (*Maiden Voyage*). Interprète brillant, il demeure pour beaucoup d'amateurs de jazz une sorte de gardien du temple idéal... Pour Blue Note, il enregistre a à peine plus de vingt ans l'album *Takin'Off*. Le succès suit immédiatement pour ne plus s'en aller, avec le tube *Watermelon Man*, qui le propulse bientôt dans le quintet de Miles Davis. Les étapes se succèdent ensuite : musique du film *Blow Up* d'Antonioni en 1967, formation de son propre sextuor en 1968, virage réussi vers l'électrification avec les Head Hunters en 1973. Succès encore avec sa formation VSOP, avant de tâter du rock (*Rock It*, *Monster*). On le voit ensuite naviguer entre reformations et re-reformations (des Head Hunters, de VSOP), participer à des B.O. de films (*Autour de minuit*) et effectuer un retour remarqué vers l'acoustique. Et il n'a pas encore dit son dernier mot...

Thank Sky (falettinme Be Mice Elf Again)
Chameleon

Long as you know you're living YOURS

Keith Jarrett

Un jeu fascinant, une mise en abyme essentielle, des notes déstructurées et repensées, un timbre et une intensité uniques, une parfaite maîtrise des standards en même temps qu'une relecture profondément originale : on pense à tous cela en écoutant le piano de Keith Jarrett. Lui seul sait créer et concevoir sa musique, une symphonie en miniature, une musique de chambre avec pour partenaires des artistes en phase avec lui et sa vision. L'expérience de Keith Jarrett demeure un laboratoire fascinant, une référence moderne pour le piano jazz, comme si un silence profond était recherché derrière chaque note. Il forme son premier trio avec Charlie Haden et Paul Motian, puis signe chez ECM, label auquel il demeurera fidèle. Coup de tonnerre en 1975 avec la sortie de *Köln Concert*, qui fut longtemps la plus grosse vente d'un disque jazz... Cet enregistrement mythique (en solo) le conduit à varier projets et enregistrements de la fin des années soixante-dix au début des années quatre-vingt. À partir de 1983, il forme, avec Gary Peacock à la contrebasse et Jack DeJohnette à la batterie, le trio plus excitant de l'histoire du jazz derrière celui de Bill Evans.

John McLaughlin

Ce touche-à-tout de la guitare jazz sait s'ouvrir au flamenco, au rock, à la musique indienne et au jazz manouche… entre autres. Selon le *so British* McLaughlin, 1 + 1 = 3. Soit la recherche permanente de quelque chose en « plus », l'aboutissement d'une nouvelle musique, issue de la fusion de deux autres. Technicien rompu à tous les styles, il est aussi un « musicien philosophe » ouvert à tout type de collaboration, qui connaît et maîtrise son potentiel, et s'en sert pour faire sans cesse de nouvelles rencontres. Sa réputation de guitariste véloce et hyper doué (notamment en trio avec Al Di Meola et Paco De Lucia) le conduit, à la fin des années soixante, à participer à l'expérience du groupe de Tony Williams, Lifetime. Mais c'est le recruteur Miles Davis, une fois de plus excellent dans son choix, qui le fait intervenir sur *In a Silent Way*. Il participe à cinq disques majeurs de Davis, entre 1969 et 1973. Il crée en 1970 le Mahavishnu Orchestra, avec Billy Cobham et Jean-Luc Ponty, puis Shakti en 1975. Il fait réapparaître de temps à autre l'une ou l'autre de ces formations, entre deux musiques de films, puis trouve le temps de composer un magnifique concerto pour guitare et orchestre : *Mediterranean*.

Follow
Your
HeaRT

BRiGHT
SiZe of
LiFE

Pat Metheny

Avec sa tête de hippie et sa guitare en bandoulière, ce guitariste américain (né en 1954) pourrait passer pour un gentil « folkeux ». Aimé et apprécié de tous pour sa disponibilité et son ouverture d'esprit, il est soucieux de toucher un large public, en lui offrant des mélodies accessibles. Pour ainsi dire, il chante, avec sa guitare, des airs simples. Ses débuts peuvent paraître surprenants : on le découvre ainsi avec Ornette Coleman sur l'album *Song X*, en 1985. Auparavant, Metheny s'est acoquiné avec Gary Burton en 1977. Il forme le Pat Metheny Group, en compagnie du pianiste Lyle Mays, puis rencontre un très grand succès avec l'album *American Garage*. Au cours des années quatre-vingt, Metheny collabore avec une pléiade d'artistes, parmi lesquels Michael Brecker, Charlie Haden, Jack DeJohnette ou Dewey Redman. Après l'album *80/81*, il publie *Offramp*, en 1982, de nouveau un énorme succès. Entre temps, en parfait connaisseur des techniques d'interprétation, il s'intéresse au Synclavier puis à la guitare clavier. En réalité, sa carrière s'équilibre entre acoustique et électrique. Il tâte de la musique de film (*Le Jeu du faucon*), pour enregistrer ensuite des disques de plus en plus contemplatifs.

Dave Holland

Entre improvisation et musique écrite, très *British* dans l'âme, ce contrebassiste est ouvert à tous et à tout. On l'a vu aux côtés de Joe Henderson, Miles Davis, Chick Corea ou Pat Metheny. Le succès, Holland l'a découvert avec Miles Davis en 1968. Il restera deux années pleines à ses côtés. Avec l'expérience, il monte une formation, Circle, avec Barry Altschul, Anthony Braxton et Chick Corea. Puis il se lance dans une nouvelle étape importante en 1983, avec la création d'un quintet auquel participe le trompettiste Kenny Wheeler. Par la suite, en quintet ou en big band, il est « abonné » au label ECM pour de nombreuses publications, où la qualité demeure constante.

NOW
HERE
NOWHERE

UGLY
BEAUTY
I Know
I Know

Paul Motian & Jack DeJohnette

Batteur, mais aussi compositeur, et peut-être surtout collaborateur irremplaçable, Paul Motian a connu l'aventure du trio avec Bill Evans. Mais il a aussi fréquenté le gratin du monde du jazz, en particulier Steve Swallow et Chris Potter. Ses compositions ? Des modèles d'harmonies riches et de mélodies éthérées, dans un subtil dosage. À la frontière du néo-bop et de l'expérimental, Motian a toujours étonné son monde...

Un autre batteur de trio ? Jack DeJohnette. Il se lance en écoutant l'une des ses idoles, Max Roach. Avec sa découverte du blues et de l'AACM, il peaufine sa pratique, puis s'engage aux côtés de Jackie McLean, Charles Lloyd, Bill Evans et Stan Getz, jusqu'en 1969. Nouvelle étape importante jusqu'en 1972, avec Miles Davis. Après une série de collaborations en tout genre, DeJohnette stabilise sa carrière à partir de 1983 au sein du trio de Keith Jarrett, avec le contrebassiste Gary Peacock. Son style demeure unique, entre Tony Williams et Elvin Jones. Il est aujourd'hui l'un des batteurs les plus reconnus de la planète jazz.

Nils Petter Molvaer
Terje Rypdal
Marylin Mazur
Bu
Jan Garbarek
Niels Henning

Pays Scandi-naves

Les pays scandinaves, particulièrement la Suède et le Danemark, ont toujours représenté une terre d'accueil pour de nombreux musiciens américains : Oscar Peterson, Dexter Gordon, Stan Getz, Don Cherry, Ornette Coleman, John Coltrane ou Miles Davis ont largement fréquenté clubs, salles et festivals de jazz de cette large terre du Nord. Du côté des musiciens locaux, la scène est également active, avec des interprètes « historiques », comme le saxophoniste norvégien Jan Garbarek ou le guitariste Terje Rypdal, la percussionniste Marilyn Mazur ou le contrebassiste danois Niels-Henning Orsted Pedersen, véritable stakhanoviste des sessions d'enregistrement… Aujourd'hui, la scène jazz scandinave se teinte des parures de l'électro, donnant lieu à l'émergence de passionnants artistes, tels Bugge Wesseltoft ou Nils Petter Molvaer. Entre acoustique et électronique, les lieux qui font le jazz en Scandinavie n'ont guère changé. Si le mythique Café Montmartre de Copenhague a fermé ses portes en 1991 (après trente ans de bons et loyaux services), le Copenhagen Jazz House a pris la relève. Du côté de Stockholm, on guette la programmation du Fashing Jazz Club, tandis que Helsinki poursuit une scène pionnière, regroupée principalement autour des clubs König, Storyville et Jume Jazz Club.

jazz contemporain

Au cours des années quatre-vingt et quatre-vingt-dix, après les expériences de fusion et un certain retour au classicisme, le jazz se cherche de nouvelles pistes sonores. Autour de jeunes instrumentistes surdoués (Joshua Redman, Brad Mehldau...), il sait se régénérer avec des compositions novatrices ou des relectures vivantes de standards. Mais le jazz s'offre aussi des « respirations » en s'intéressant au hip hop ou aux musiques électroniques. C'est ainsi qu'est apparu, par exemple, un courant de jazz « électronique » durant les années quatre-vingt-dix, du côté des pays scandinaves. Ces nouvelles scènes relancent l'intérêt pour une musique à la fois écrite et improvisée, mais aussi organique et sensuelle. Quant aux étiquettes, il faut parfois se méfier de cette tendance à lancer des modes à tout va (on a aussi parlé de « nu-jazz »...). Seul doit demeurer le plaisir de découvrir une musique renouvelée et improvisée, qui ne se classe dans aucune catégorie déjà connue...

LORD NAPIER
BULLS
HEAD
ie scotts

Londres

Londres a toujours suivi les évolutions de jazz. Il existe, au même titre que le New Morning de Paris, un club phare qui semble dominer la situation du jazz outre-Manche, le Ronnie Scott's, du nom du saxophoniste britannique. Outre le Ronnie, devenu mythique avec le temps et les passages, on compte quelques clubs qui tentent de réveiller une scène jazz parfois assoupie dans un certain académisme : le Lord Napier, le Vortex ou le Bull's Head. Il faut dire que Londres a su être à la pointe de certains mouvements. Le free jazz s'est ainsi considérablement développé dans le West End londonien des années soixante, en partant de quelques théâtres privés qui ouvraient leur portes à cette musique « licencieuse » après la dernière représentation de la soirée... Plus proche de nous, un curieux mouvement musical, mélangeant soul et jazz, et nommé acid-jazz, fut lancé dans la chaleur d'un été londonien, en 1988, par un DJ devenu depuis une référence en matière de bon goût musical, Gilles Peterson.

Wynton Marsalis

Le néo-bop des années quatre-vingt, c'est lui ! Le trompettiste Wynton Marsalis, enfant insolemment surdoué, parfois tête à claques quand il cherche à « donner des leçons » au fil d'innombrables productions discographiques, est issu d'une famille d'illustres musiciens. Sa revisite du be-bop est devenue une ligne de conduite immuable. Le plus important est l'émotion que procure la musique (même si sa technique est impressionnante). Il s'est d'abord illustré avec le pianiste Marcus Roberts avant de varier les participations musicales sous des formes très diverses, de l'orchestre symphonique au quartette, du big band au solo... Sous toutes les coutures, son tissu musical s'est étoffé de mille influences. Ses débuts ont été placés sous le double signe du jazz et du classique. Entre jazz, funk, Haydn et Mozart, le jeune Marsalis écoute ses premiers maîtres : Freddie Hubbard, Louis Armstrong ou Miles Davis. Il rejoint les Jazz Messengers d'Art Blakey, puis le quartet d'Herbie Hancock. Marsalis est devenu un musicien accompli, possédant chaleur et amplitude du son, maîtrise technique, sens du swing et influences multiples. Sans oublier des rendez-vous incontournables dans sa vie de musicien reconnu, comme cette très belle histoire d'amour qu'il a avec le festival français de Marciac !

standart
time

TimeLeSS TALES

JOSHUA REDMAN

Le saxophoniste américain Joshua Redman pourrait évoquer l'image d'un bolide de course, tant son pedigree demeure impressionnant. Fils du saxophoniste Dewey Redman, Joshua s'ouvre très rapidement au jazz en compagnie d'Ornette Coleman, avec qui il fait ses premières armes à New York. Grâce à sa mère, il s'est ouvert par ailleurs à de multiples styles musicaux, de la pop aux musiques du monde. Après un passage à la Berklee School of Music, il se produit en concert avec son père au Village Vanguard de New York. La passation est assurée. Par la suite, il s'installe à New York (en 1991) et fréquente de nombreux musiciens : Paul Motian, Charlie Haden, Elvin Jones ou Pat Metheny… Après un premier album en 1993, il joue avec Joe Lovano, puis peaufine sa technique aux côtés du pianiste Brad Mehldau. Dans son jeu, chaleureux et ouvert, il aime à reprendre des standards pop, comme ceux des Beatles ou de Bob Dylan.

Brad Mehldau

Comme d'autres musiciens surdoués, le jeune (il est né en 1970) pianiste Brad Mehldau a complété sa formation par une série de concerts où sa sensibilité et son sens de la composition se sont rapidement manifestés. Brad est amoureux autant du jazz que du classique, ce qui lui a donné cette personnalité romantique qui a beaucoup contribué au charme de ses compositions. Après une vaste tournée en Europe et aux États-Unis en 1994 avec Joshua Redman, Brian Blade et Christian McBride, il crée son propre trio en 1995 avec la complicité de Larry Grenadier (contrebasse) et Jorge Rossy (batterie). Par la suite, il se fera remarquer du grand public dans des disques audacieux et d'un talent indéniable (en particulier la fameuse série *Art of the trio*). Il parsème sa discographie en trio de quelques œuvres en solo, où se dégage sa sensibilité très « evansienne ». Car Mehldau demeure doué pour la composition et l'interprétation, en mélangeant très harmonieusement influences jazz et écoutes classiques (les impressionnistes en particulier, mais aussi Schumann, Liszt ou Brahms). Passionné en outre par la poésie et la philosophie, c'est un artiste entier et intègre. Passionnant de la première à la dernière note…

Blame it
on my Youth

Matthew Herbert
GANGSTA
US3
Gil Scott Heron
Alison Crockett
Gilles Peterson
THE LAST POETS

Métissage électro et hip-hop

En 1988, une vague musicale tentant de concilier soul music et jazz, initiée par le DJ britannique Gilles Peterson, prend le curieux nom d'acid-jazz (du nom de l'acid house alors en vogue). Ces accointances vont vite se préciser et se multiplier : la galaxie électro naissante apprécie la liberté de ton du jazz qui, de son côté, trouve là un moyen de chercher de nouveaux fans... Ainsi vont apparaître les trompettistes Eric Truffaz et Nils Petter Molvaer, ou le pianiste Bugge Wesseltoft, à la recherche d'une note bleue... électronique. Cette vague aura connu des ancêtres éclairés – Miles Davis (*On the Corner*) ou Herbie Hancock (*Sextant*) –, ses prétendants talentueux, de Jon Hassell à Carl Craig en passant par Coldcut, et ses pionniers en devenir, avec les projets de Cinematic Orchestra ou Matthew Herbert.

Si le rap explose dans les années quatre-vingt, il faut attendre dix bonnes années pour entendre une fusion convaincante entre jazz et hip hop : d'un côté un hip-hop avide de samples de jazz (A Tribe Called Quest, Gangstarr, The Roots...) et de l'autre des jazzmen attirés par les techniques de *cut up* du hip-hop (Omar Sosa, US3, Greg Osby...). Enfin, citons des artistes passionnants qui intègrent de manière encore plus tangible jazz et hip-hop dans leur démarche artistique. Ces pionniers et champions toutes catégories, en quelque sorte, du mix ultime, sont le saxophoniste Steve Coleman et son groupe the Metrics, ainsi que d'ex-collaborateurs de Coleman, le trio de rappeurs Opus Akoben.

Les Français

La France et le jazz, c'est d'abord le Hot Club de France et ses deux personnages gravés dans le marbre de l'histoire : Django Reinhardt et Stéphane Grappelli. Mais aussi de multiples personnalités aux talents féconds. Le pianiste Martial Solal, dont le clavier virevoltant de créativité semble être à la recherche perpétuelle d'un second souffle. Michel Portal joue, lui, une clarinette à la limite du free jazz et de l'expérimental. Des héritiers ? En pagaille : Louis Sclavis ou Bernard Lubat (multi-instrumentiste de génie, qui a eu la bonne idée de créer un festival libertaire du nom d'Uzeste) ; mais aussi le contrebassiste Henri Texier et le guitariste Claude Barthélémy ; l'héritier de Django, le guitariste Biréli Lagrène, et son faire-valoir, le Gitan Christian Escoudé ; le regretté pianiste Michel Petrucciani et sa technique flamboyante. Le style précieux – et digne d'un Bill Evans – d'Antoine Hervé, sans oublier les plus anciens Maurice Vander (d'inspiration classique) et Eddy Louiss, qui trouve un vrai « dauphin » en la personne d'Emmanuel Bex.

Aujourd'hui, la vie du jazz demeure intense en France, par ses clubs et ses festivals qui drainent des artistes toujours passionnants (le New Morning à Paris et le Festival de Marciac, pour prendre deux exemples très probants).

Discographie sélective

Louis Armstrong

Ella and Louis (Universal)
Ella and Louis Again (Universal)
Louis and the Great Good Book, volumes 1 et 2 (Universal)
Great Chicago Concert (Sony)
Porgy and Bess (Universal)
Louis Armstrong/Duke Ellington – The Complete Sessions (EMI)

Duke Ellington

The Quintessence (Night and Day)
Ellington at Newport 1956 (Sony)
Far East Suite (BMG)
Duke Ellington/Johnny Hodges – Play the Blues Back to Back (Universal)
Drum is a Woman (Sony)
Money Jungle (EMI)
Piano in the Foreground (Sony)
And his Mother called him Bill (BMG)
Black Brown and Beige (Sony)

Glenn Miller

The Golden Years (Properbox-Abeille)

Cab Calloway

Hi De Ho Man (Sony)

Lionel Hampton

The Quintessence (Night and Day)
Hampton and Gets (Universal)

Nat King Cole

Very Best Of (EMI)
Hit That Jive Jack (Universal)

Stéphane Grappelli

Stéphane Grappelli et Michel Petrucciani – Flamingo (Sony)
Sur le toit de Paris (BMG)

Lester Young

Prez and Teddy (Universal)
Best Of (Mélodie)

Django Reinhardt

The Quintessence (Night and Day)
Pêche à la mouche (Universal)

Art Tatum

The Complete Capitol Recordings (EMI)
20th Century Piano Genius (Universal)

Ella Fitzgerald

Pure Ella (Universal)
Ella and Duke at Côte d'Azur (Universal)
Mack the Knife – In Berlin (Universal)
Ella returns to Berlin (Universal)
Sings the Johnny Mercer Songbook (Universal)
Get Happy (Universal)

Billie Holiday

Love Songs (Sony)
Complete Decca Recordings (Universal)
Lady Day and Prez (Night and Day)
Lady Sings the Blues (Universal)
Songs for Distingué Lovers (Universal)
Lady in Satin (Sony)
Last Recording (Universal)

Charlie Parker

The Quintessence (Night and Day)
With Strings (Universal)
Charlie Parker (Universal)
Jazz at Massey Hall (Warner)
Bird and Diz (Universal)
Bird, the Original Recordings (Universal)
South of the Border (Universal)

Sarah Vaughan

The Divine – The CBS Years 1949-1953 (Sony)
With Clifford Brown (Universal)
Swingin'Easy (Universal)
Sassy Swings the Tivoli (Universal)
Sings George Gershwin (Universal)

Dexter Gordon

Go (EMI)
Swingin'Affair (EMI)

Bud Powell

The Amazing Bud Powell, volumes 1 et 2 (EMI)

Dizzy Gillespie

Diz and Getz (Universal)
Something Old, Something New (Universal)
For Musicians Only (Universal)
Sonny Side Up (Universal)
Gillespiana & Carnegie Hall Concert (Universal)
Pleyel Concert 56 (BMG)
Afro-Cuban Jazz Moods (Warner)
Diz – Jerry Gonzalez – Earth Dance (Night and Day)

Thelonious Monk

Genius of Modern Music, volumes 1 et 2 (EMI)
Piano solo (BMG)
Alone in San Francisco (Warner)
With John Coltrane (Warner)
Monk's Dream (Sony)
Monk Alone (Sony)
Monk's Music (Warner)

Miles Davis

Birth of the Cool (EMI)
Porgy and Bess (EMI)
And the Modern Jazz Giants (Warner)
Relaxin' with Miles Davis (Sony)
Ascenseur pour l'échafaud (Universal)
'Round about Midnight (Sony)
Kind of Blue (Sony)
Sketches of Spain (Sony)
Highlights from the Plugged Nickel (Sony)
Sorcerer (Sony)
Miles Smiles (Sony)
Bitches Brew (Sony)
On the Corner (Sony)
In a Silent Way (Sony)
Tutu (Warner)
Decoy (Sony)

Gil Evans

Out of the Cool (Universal)
The Individualism of Gil Evans (Universal)

Paul Desmond

Easy Living (BMG)
Bossa Antigua (BMG)

Art Pepper

Meets the Rhythm Section (Warner)
Art Pepper & Eleven (Warner)

Stan Getz

Plays (Universal)
Serenity (Universal)
West Coast Jazz (Universal)
Stan Getz and Bill Evans (Universal)
Getz/Gilberto (Universal)
Jazz Samba (Universal)

Gerry Mulligan

Mulligan-Desmond (Universal)
Songbook (EMI)

Chet Baker

Sings (EMI)
My Favorite Songs (Harmonia Mundi)
Chet (Warner)
It Could happen to you (Warner)
In New York (Warner)
The Route (Emi)

Anita O'Day

All the Sad Young Men (Universal)
Sings the Winner (Universal)

Max Roach

It's Time (Universal)
We Insist ! Freedom Now Suite (Harmonia Mundi)
Plus 4 (Universal)

Art Blakey

Moanin' (EMI)
Freedom Rider (EMI)

Jazz Messengers-Club
St Germain 1958 (BMG)
Drum Suite (Sony)
A Night in Tunisia (EMI)
A Night at Birdland (EMI)

John Coltrane

Blue Train (EMI)
My Favorite Things (Warner)
Giant Steps (Warner)
Olé (Warner)
Ballads (Universal)
Coltrane (Universal)
Coltrane and Hartman (Universal)
A Love Supreme (Universal)
Africa Brass (Universal)
Live at Birdland (Universal)
Crescent (Universal)
Live at the Village Vanguard (Universal)
Stellar Regions (Universal)
Duke Ellington & John Coltrane (Universal)

Charles Mingus

Pithecanthropus Erectus (Warner)
Blues and Roots (Warner)
Oh Yeah (Warner)
Tijuana Moods (BMG)
Cumbia and Jazz Fusion (Warner)
Mingus Ah Um (Sony)
Dynasty (Sony)
Mingus Mingus Mingus Mingus Mingus (Universal)
Black Saint & the Sinner Lady (Universal)

Sonny Rollins

Saxophone Colossus (Warner)
Tenor Madness (Warner)
What's New ? (BMG)
The Bridge (BMG)
Sonny Meets Hawk ! (BMG)
Standard (BMG)
East Broadway Run Down (Universal)
On Impulse (Universal)

Oscar Peterson

Night Train (Universal)
Jazz Portrait of Frank Sinatra (Universal)
Nigerian Market Place (Warner)
Trio (Universal)

Cannonball Adderley

Somethin'Else (EMI)
In San Francisco (Warner)
Quintet In Chicago (Universal)

Paul Chambers

Bass on Top (EMI)
Paul Chambers' Quintet (EMI)

Helen Merrill

Feeling is Mutual (Universal)
Chasin' the Bird (Universal)
Shade of Difference (Universal)

Ornette Coleman

Something Else !!!! (Warner)
Tomorrow the Question (Warner)
Change of the Century (Warner)
The Shape of Jazz to Come (Warner)
In All Languages (Universal)
Love Call (EMI)

Eric Dolphy

Out to Lunch (EMI)
At the Five Spot, volumes 1 et 2 (Warner)
Last Date (Universal)

Art Ensemble of Chicago

Fanfare for the Warriors (Warner)
Baptizm (Warner)

Charlie Haden

Liberation Music Orchestra (Universal)
LMO/Montreal Tapes (Universal)
The Montreal Tapes (Universal)
Haden/Metheny – Beyond the Missouri Sky (Universal)
Night in the City (Universal)
Now is the Hour (Universal)

Pharoah Sanders

Karma (Universal)
Thembi (Universal)

Sun Ra

Jazz in Silhouette (Harmonia Mundi)
Cosmic Tones for Mental Therapy (Harmonia Mundi)
The Singles (Harmonia Mundi)

Carla Bley

Escalator over the Hill (Universal)
Ballad of the Fallen (Universal)
Tropic Appetites (Universal)

Bill Evans

Portrait in Jazz (Warner)
Montreux Jazz Festival (Universal)
Sunday at the Village Vanguard (Warner)
Waltz for Debby (Warner)
Moon Beams (Warner)
Evans/Getz – But Beautiful (Warner)
Under Current (EMI)
You Must Believe in Spring (Warner)
Alone (Warner)
The Paris Concert (Warner)

Chick Corea

Now He Sings, Now He Sobs (EMI)
Trio Music/Live in Europe (Universal)
Friends (Universal)

Herbie Hancock

Takin' Off (EMI)
Empyrean Isles (EMI)
Inventions & Dimensions (EMI)
Maiden Voyage (EMI)
Speak Like a Child (EMI)
Head Hunters (Sony)
Thrust (Sony)

Keith Jarrett

El Juicio (Warner)
Silence (Universal)
Mourning of a Star (Warner)
Köln Concert (Universal)
Paris Concert (Universal)
Facing You (Universal)
Tokyo 96 (Universal)
Standards Live/In Norway (Universal)

John McLaughlin

Mahavishnu Orchestra – Birds of Fire (Sony)

Pat Metheny

Metheny/Pastorius – Bright Size Life (Universal)
Questions and Answers (Universal)

Dave Holland

Conference of the Birds (Universal)
Points of View (Universal)
Extensions (Universal)

Paul Motian

Flight of the Blue Jay (Harmonia Mundi)
Trio 2001 & 1 (Harmonia Mundi)
First Meeting (Harmonia Mundi)

Jack DeJohnette

Tin Can Alley (Universal)

Wynton Marsalis

Marsalis Standard Time – Volume 1 (Sony)
Live at the Blues Alley (Sony)
City Movement (Sony)

Joshua Redman

Timeless Tales (Warner)

Brad Mehldau

The Art of the Trio, volume 2 (Warner)
The Art of the Trio, volume 4 (Warner)

Index

Thelonious Blakey
Monk Charlie
Art
Ella Parker
Jazz
Sarah
en images
Lionel Hampton
Nat
cubop
King
JAZZ
Cole
images
Duke en
swing
New
orleans
lington